Inhalt

Vorwort 3
Zur Methodik des Buches 4
Glück – ein Mix aus Erfahrungen und Einstellung 5
Zeit 9
Die Glücksformel 12
Wo stehe ich gerade? 18
    Kommunikation 28
    Emotionen 30
    Potentialentwicklung 32
DAS WAR ERST DER ANFANG! 40
Tagesaufgaben 41
Schlusswort 771
Haftungsausschluss 772
Impressum 773

Glück ist (d)eine Entscheidung!

- Arbeitsbuch -

Autor – Angela Johanning

Vorwort

Mit diesem kleinen Arbeitsbuch hältst du eine Ergänzung zum Vorgänger „Glück ist (d)eine Entscheidung!" in den Händen! Beide Bücher sind so konzipiert, dass du das Arbeitsbuch als Begleitheft zum Hauptbuch, aber auch unabhängig davon nutzen kannst.
Auch hier geht es wieder darum, wonach wir alle suchen, manchmal haben und auf jeden Fall nicht mehr missen wollen, wenn es erstmal da ist: Das Glück!

Auch dieses Arbeitsbuch behauptet nicht von sich, DICH glücklich zu machen. Du weißt schließlich schon: Das kannst nur du selbst! Mit den richtigen Fragen kommt man jedoch den richtigen Antworten näher und ich freue mich, dir hiermit ein Manual an die Hand geben zu können, damit du dir selbst im richtigen Moment die richtigen Fragen stellen kannst.

> **„Ändere deine Perspektive und die Dinge, die du dir anschaust, werden sich auch ändern"**
> (unbekannt)

Zur Methodik des Buches

Das vorliegende Buch ist eine Erweiterung zu „Glück ist (d)eine Entscheidung und soll dir helfen, das teilweise recht umfangreiche und komprimierte Wissen mit einfachen Übungen zu veranschaulichen. Andererseits zeigen dir unterschiedliche Arten von Übungen Mittel zur Selbsterfahrung auf und erleichtern dir, bereits vorhandene Ressourcen anzuerkennen. DU hast den ersten Schritt getan, dein Leben selbstbestimmt und mutig in die Hand zu nehmen. Das Buch begleitet dich mit interessanten Übungen durch deinen Alltag und hilft dir, eine andere Perspektive einzunehmen und schließlich die Dinge, an denen du eigentlich arbeiten musst, um dich auf die nächste Stufe deiner Entwicklung zu begeben, zu realisieren. Erkenntnisse sind in jedem Feld der erste Schritt! Daher ist es auch für dich persönlich von größter Wichtigkeit, bevor du große Schritte zur Veränderung machst, deinen eigenen Prozess zunächst zu begreifen, um längerfristig Impulse setzen zu können.

Glück – ein Mix aus Erfahrungen und Einstellung

Im vorangegangenen Buch „Glück, (d)eine Entscheidung" sind wir bereits der Sache mit dem Glück auf den Grund gegangen und haben das größte Gut des Menschen aus verschiedenen Perspektiven betrachtet. Wir wissen, dass es meistens so schnell geht, wie es gekommen ist und dass man „das Glück" auch nicht herbeizwingen kann. Meistens kommt es zu denen, die still sitzen, in sich ruhend, ohne definierte Erwartungshaltung verbleiben und sich in dieser Zeit den Dingen, die sie lieben, widmen.

Jeder Mensch definiert Glück anders. Für den einen ist es ein bestimmtes Hobby, für den anderen seine Familie und für den dritten ist es die Freiheit zu reisen und möglichst ungebunden zu sein. Es wird also sehr subjektiv erlebt und hängt unmittelbar mit den Erfahrungen zusammen, die der Mensch bereits in seinem Leben gemacht hat. Häufig übernehmen wir Ansichten und Einstellungen von unserem Umfeld und unseren Eltern. Entweder wir leben in ähnlicher Weise und identifizieren uns mit deren Anschauungen und lehnen unsere Glücksdefinitionen eng an deren an oder wir grenzen uns radikal ab und formen unser erstrebenswertes Bild von Glück und Zufriedenheit an Einflüsse an, die wir durch andere Reize bekommen haben und aus irgendwelchen Gründen verfolgen möchten.

Somit ist es auch normal, dass sich das persönliche Glück im Laufe des Lebens ändert. Zumindest Glück in seinen Erscheinungsformen, zentrale Dinge, also wie, wann und zu welchen Anlässen wir Glück empfinden.
Natürlich gibt es aber auch die typischen Kindheitsträume, die von Personen niemals losgelassen und auf ihrem Lebensweg Stück für Stück verwirklicht werden. Doch nicht jeder hat dieses klare Bild, was ihn glücklich und zufrieden macht vor Augen. Manchmal verlieren wir die Vorstellung auch einfach aus den Augen oder merken, dass sie mit unserer eigentlichen Einstellung vielleicht gar nicht mehr kompatibel ist. Die meisten Leute fühlen jedoch gar nicht mehr, was sie glücklich macht und welchen Weg sie einschlagen sollten, um in größtmöglicher Zufriedenheit und in der Position, ihre Potentiale gewinnbringend einzusetzen, zu leben. Es gilt also, wieder ein Gefühl für sich selbst zu entwickeln, um mit dem eigenen Innenleben zart verbunden zu sein, um die Bedürfnisse, die uns unser Körper und Geist sendet, wahrzunehmen und ihnen nachzugehen.

Wie ein Lebensweg, der die eigenen Bedürfnisse verneint und schließlich auch krank macht, aussieht, möchte ich dir im folgenden Fallbeispiel einer Frau erzählen, die ich auf einem Seminar getroffen habe und das mich sehr bewegt hat.

Gloria M. war eine sehr zielstrebige und fleißige Frau. Sie war finanziell gut abgesichert und führte ein Leben, was viele wahrscheinlich als erstrebenswert bezeichnen würden. Sie war bereits seit 20 Jahren verheiratet, beruflich gut etabliert und regelmäßige Urlaube waren Teil des Programms. Es fiel allerdings auf, dass sie sehr harte Gesichtszüge hatte, breite Schultern und große Hände. Gloria war absolut die Art von Mensch, die man als zuverlässig und patent bezeichnen würde. Was sie anfing, zog sie durch und das ohne Kompromisse. Doch etwas trieb sie um und sie konnte die zermürbende Traurigkeit, die sich mal mehr und mal weniger stark wie eine große, dunkle Decke über sie legte, einfach nicht abschütteln. Sie hatte größtenteils gelernt damit zu leben, aber an manchen Tagen war es so schlimm, dass sie den Druck auf der Brust und die Schwere in der Magengrube kaum aushalten konnte. Hinzu kam, das Gloria trotz mittlerem Alter mit starkem Rheuma und Gichtanfällen zu kämpfen hatte und häufig starke Medikamente nehmen musste, die sie besonders in der letzten Zeit auch müde machten. Irgendwann vertraute sich Gloria mir an und berichtete, dass sie das zweite Kind einer Unternehmerfamilie war und ihr älterer Bruder, der eigentlich das Handwerksunternehmen übernehmen sollte, mit 18 Jahren durch einen Motorradunfall ums Leben gekommen war. Obwohl Gloria immer sehr künstlerisch begabt war und gerne mit Kindern gearbeitet hätte, machte sie eine kaufmännische Ausbildung, um schließlich das Familienunternehmen übernehmen zu können und stemmte seitdem diesen

100 Mann Betrieb. Der Betrieb lief seit einigen Jahren nicht mehr sonderlich gut. Sie tat das, wie sie sagte, in erster Linie, um ihre Eltern zu unterstützen, da diese das schließlich so wollten und der Betrieb sonst nicht mehr in der familiären Hand hätte bleiben können. Als ihr Vater schließlich vor 3 Jahren starb, brach für Gloria eine Welt zusammen: Kurz bevor er starb, sagte er ihr, er wünsche sich nichts Sehnlicheres, als dass sie endlich ihrer Berufung nachginge und das täte was sie glücklich machen würde. Eigentlich eine schöne Botschaft!

Gloria erkannte nur schmerzlich, dass sie ihren eigenen Lebensweg nach den Ansichten anderer Menschen gelebt hatte und selbst diese eigentlich fanden, dass sie etwas anderes tun solle. Sie verlor innerlich jegliche Daseinsberechtigung, da sie eigentlich die Rolle ihres Bruders eingenommen hatte, und ihrem Vater, dem sie dadurch gefallen wollte, in ihren Augen gar nicht wertgeschätzt hatte, welche Opfer sie eigentlich gebracht hatte.

Diese traurige Geschichte voll von Verzweiflung und dem Kampf um Anerkennung steht hier exemplarisch für all die Lebenswege, die sich aufgrund von Fremdüberzeugungen und Mutmaßungen, was wohl „am besten" ist, in Richtungen entwickelt haben, die hinterher vielleicht eher angezweifelt als überzeugt gelebt werden.

Zeit

Zeit ist ein kostbares Gut. Wir dürfen sie nicht verschwenden, denn das ist das, woraus das Leben besteht.
Um Glück weitergehend begreifen und damit „arbeiten" zu können, müssen wir uns zunächst einem Aspekt widmen, der äußerst wichtig ist: Der Zeit.

Zusammengewürfelt besteht unser gesamtes, bisheriges Leben aus vielen kleinen Wimpernschlägen, Augenblicken, Sekunden und Momenten. Häufig gehen wir recht inflationär mit diesen Momenten um, nutzen sie nicht, genießen sie nicht oder verbringen viele, viele kleine Momente mit Dingen, die uns nicht weiterbringen oder keine Bedeutung haben. In der Summe haben all diese Momente jedoch eine große Bedeutung: Alle Entscheidungen, Tage und Wochen, die wir auf diese oder jene Art verbracht haben, kreieren unser Leben. Es zählt alles! Wirklich alles! Und hier beginnen wir schon mit der ersten Übung:

Schreibe 3 schöne Dinge auf, mit denen du gerne deine Zeit verbringst, und bei denen du dich glücklich fühlst:

_____
_____
_____
_____

Und nun frage dich einmal ganz offen und ehrlich wie viel Zeit du diesen Dingen einräumst. Priorisierst du sie? Haben sie einen Platz in deinem Alltag? Tust du sie bewusst? Um dir das bewusst zu machen, ergänze die Zeit, die du diesen Dingen aktuell widmest und wie viel Zeit du ihr in Zukunft widmen möchtest.

Tätigkeit	**Reelle Zeit**	**Sollzeit**
1.		
2.		
3.		

Häufig nutzen wir unsere Zeit mit schlechten Angewohnheiten und verringern so die Möglichkeit, die Dinge zu tun, die uns eigentlich gut fühlen lassen und uns weiterbringen. Dies kann exzessives Fernsehschauen sein, Rauchen, Zeit am Smartphone oder in sozialen Medien oder Sorgen machen.

Schreibe 3 Dinge auf, die du weniger tun möchtest und wie viel Zeit du damit derzeit in etwa verbringst:

_____
_____
_____

Ergänze auch hier, ähnlich wie oben, wie viel Zeit du damit in etwa verbringst, und wie viel Zeit es sein müsste, um dich anderen Dingen zuzuwenden, ausgeglichener zu sein etc.

Tätigkeit	Reelle Zeit	Sollzeit
1.		
2.		
3.		

Die Glücksformel

Wie schon im Buch „Glück, (d)eine Einstellung!" beschrieben, gibt es kein universelles Glück. Wohl gibt es aber eine gewisse Formel, die für jeden Menschen individuell Zufriedenheit und Glück ermöglicht.

Wir sind zunächst davon ausgegangen, dass der Mensch, von seiner Natur her ein „Nesthocker", danach strebt, seine natürlichen Grundbedürfnisse zu befriedigen. Und dafür strengt er sich mächtig an! Nahrung, ein Dach über dem Kopf und das weitere Fortbestehen muss schließlich gesichert sein.
Die soziale Komponente, also inwiefern eine Person durch andere Menschen hindurch Glück erfährt, ist sehr unterschiedlich. Einige brauchen viel Ruhe und Zeit für sich, andere benötigen einen steten sozialen Austausch.

Insgesamt streben wir aber danach, ähnlich wie Säuglinge das tun, dass unsere Grundbedürfnisse befriedigt werden und es uns „gut" geht. Wir benötigen eine gewisse Vorhersehbarkeit in Bezug auf Nahrung, Schlaf und sozialer Interaktion. Nun müsste doch soweit alles klar sein, oder nicht? Ein Dach über dem Kopf und was Warmes zu Essen im Bauch! Das haben in Deutschland schätzungsweise die Mehrheit der Bevölkerung und trotzdem rangieren wir auf der Unzufriedenheitsskala sehr weit oben!

Was ist also los? Sind wir etwa „undankbar" geworden? Warum ist auch beim neuesten und tollsten Partner „der Lack" irgendwann ab und wir verfallen nicht mehr in Euphorie Anfälle beim morgendlichen Blick, wer denn da nun neben uns liegt?
Es genügt also nicht, einfach nur versorgt, satt und zufrieden zu sein. Wir sehnen uns danach, neues zu lernen, unsere Erfahrungen auszubauen und uns zu entwickeln.
Jede Lebensphase hat hierbei allerdings ihre eigenen Ansprüche. Der „Explorationstrieb" ist in jüngeren Jahren oft ausgeprägter, wobei dies bei weitem nicht für jeden gilt.
Auch wenn wir gesetzt und angekommen sind, wollen wir trotzdem in die nächste Entwicklungsstufe vordringen, entdecken, Probleme lösen und Sachen erschaffen. Diese schöpferische Kraft ist individuell entschieden. Von Kunst, Musik, Gartenarbeit, Kinder kriegen, Häuser bauen, Reisen, Unternehmen gründen, Ideen umsetzen, Backen oder Hundeerziehung kann sich diese schöpferische Kraft in so ziemlich allem ausdrücken. Funktional ist sie allerdings nur, wenn sie „im Fluss" ist, sich also stetig weiterentwickelt, wächst und verändert.

Dies ist der Grund warum viele Menschen häufig in die Krise geraten, wenn sie aus dem Berufsleben ausscheiden. Sie haben einen Sinn verfolgt, sind einer mehr oder weniger erfüllenden Tätigkeit nachgeGANGEN und haben damit ihre Zeit verbracht. Wenn nun plötzlich nichts von dem mehr bleibt und sich keine sinnstiftende Beschäftigung mehr bietet, entwickeln viele Menschen Depressionen, fühlen sich schwach und antriebslos. Zwar sind die Grundbedürfnisse befriedigt, die Entwicklung und Kultivierung der Eigenschaften und Tätigkeiten droht jedoch zu stagnieren.

Es lässt sich also folgende Formel des Glücks aufstellen:

Befriedigung der Grundbedürfnisse

+

das Selbst erweiternde Erfahrungen

=

Glück

Und ich kann dir sagen, du hast im Laufe deines Lebens schon einiges erreicht und dich entwickelt! Das glaubst du nicht?

Schreibe **mindestens** 6 Dinge auf, die du im Alter von 0-18 Jahren gelernt hast!

_____
_____
_____
_____
_____

_____
_____
_____
_____

Neben Lesen, Laufen, Autofahren, Schuhe binden oder Handwerken dürfte hier einiges zusammengekommen sein. Es wird auffällig, dass diese Zeit unseres Lebens eine sehr entwicklungsreiche Phase in unserem Leben ist, und wir scheinbar alle Fähigkeiten lernen, die wir zum (über)leben brauchen. Diese Fähigkeiten sind jedoch auf einer Art äußeren Ebene zu sehen. Die Fähigkeit „nein" zu sagen, den Tag zu strukturieren oder auf andere Menschen zuzugehen, sind Dinge auf der Mikroebene, die wir häufig erst viel später lernen. Das große Paket ist also geschnürt, das Feintuning müssen wir jedoch im Laufe der Zeit herausarbeiten.

Welche 3 Eigenschaften/ Stärken hast du, seitdem du 18 Jahre alt bist, entwickelt und was hat dir dabei geholfen?
_____
_____
_____
_____
_____

Im Laufe des Lebens macht jeder Mensch ca. 2-3 mittelschwere Krisen durch. Häufig berichten Leute, dass sie erst seit einem bestimmten Ereignis ihr Leben mehr schätzen, bewusster leben oder bestimmte Dinge verändert haben. Frei nach dem Motto: „Was dich nicht umbringt, macht dich nur stärker".

Eine wichtige Eigenschaft, die glücklichen Menschen zugeschrieben wird, ist die Resilienz. Es ist die Fähigkeit Krisen zu überwinden und trotz widriger Umstände, emotional nicht zusammenzubrechen und „weiterzumachen". Wie kann man sonst erklären, dass manche Menschen trotz widrigster und alles andere als idealen Entwicklungsbedingungen ein Ziel verfolgen und das Beste aus sich herausholen? Das Stichwort ist Resilienz! Man könnte es auch als eine Art Krisenfestigkeit bezeichnen. Und auch du hast bestimmte Eigenschaften mit Ereignissen erworben, indem du dich damit auseinander gesetzt hast und bist schließlich daran gewachsen oder auch einfach „aus bestimmten Phasen herausgewachsen."

Nichts ist so schlecht, dass es nicht für irgendetwas gut ist
(unbekannt)

Schreibe 2 schwierige Phasen deines Lebens auf und benenne, was du daraus gelernt hast oder wie es dich entwickelt hat!

1. _____
   _____
   _____

2. _____
   _____
   _____

Über Trennung, Depression, Scheidung der Eltern oder Tod eines nahen Verwandten kann alles möglich sein. Häufig sehen wir angesichts schlimmer Ereignisse nur das Ereignis an sich, was kurzfristig gesehen auch logisch ist. Häufig leben wir danach jedoch bewusster, sagen öfter „ ich liebe dich" , hören mehr auf uns selbst oder, oder oder.

Keine Erfahrung geht spurlos an uns vorüber und wenn du es schaffst, die Werkzeuge zu sehen, die du aus diesen Krisen geformt hast, bist du ein riesen Stück weiter!

Wo stehe ich gerade?

Es geht nun darum, einen „Lagecheck" zu machen, wo du dich derzeit befindest. Wie du im Vorgängerbuch schon erfahren hast, gibt es bestimmte Eigenschaften, die Menschen auszeichnen, die potenziell glücklicher und zufriedener sind. Man nennt dies „Ressourcen" und zwar deswegen, weil man diese Stärken wie kleine Tanklaster sieht, die sich im Laufe des Lebens füllen oder leeren können. Da du weißt, dass du ein großes Stück weit für die Erfahrungen, die du machst und die Dinge, die du lernst, selbstverantwortlich bist, liegt es auch an dir, diese Tanklaster zu füllen. Gaben sind nicht nur Geschenke, sondern eigentlich nur Anlagen, die entwickelt und kultiviert werden wollen.

Folgende Dinge zeichnen glückliche Menschen aus:

Innere Ruhe
Ausgeglichenheit
Mut
Zuversicht
Humor und Spaß
Entdeckerdrang
Gemeinschaftsgefühl
Zielstrebigkeit
Klarheit
Kontinuität

Neue Erfahrungen
Schöpferische Kraft

Nun darfst du etwas malen! Bis wohin sind deine Ressourcentanklaster gefüllt?

Innere Ruhe.

Ausgeglichenheit

Mut

Zuversicht.

Humor & Spaß

Schöpferische Kraft

Neue Erfahrungen   (   )

Entdeckerdrang   Gemeinschaftsgefühl

Zielstrebigkeit   Klarheit

Kontinuität

Vielleicht fällt dir noch eine Eigenschaft ein, du unbedingt dazu muss. Schreibe sie dazu oder ergänze, wenn du möchtest, den Platz um ein oder zwei weitere Ressourcentanklaster.

Ressourcen entstehen, wie du oben erfahren hast, häufiger aus Krisen oder können bewusst aus negativen Eigenschaften umgewandelt werden. Hier siehst du, aus welchen Schwächen du das Beste herausholen kannst!

Ressourcen zum Glück sind:	Du kannst es entwickeln aus...
Innere Ruhe	<- Unaufmerksamkeit
Ausgeglichenheit	<- Unruhe
Mut	<- Angst
Zuversicht	<- Versagensgefühle
Humor und Spaß	<- Ernst
Entdeckerdrang	<- Zermürbende Routinen
Gemeinschaftsgefühl	<- Isolation
Zielstrebigkeit	<- Nicht-Fokussiertheit
Klarheit	<- Verwirrung
Kontinuität	<- Sprunghaftigkeit
Neue Erfahrungen	<- Trott
Schöpferische Kraft	<- Destruktivität

Mein persönliches Glück

Generell bleibt festzuhalten, dass Glück ein Prozess ist. Es entwickelt sich, kommt & geht. Wichtig ist jedoch: Glück definiert sich nicht durch Dinge, Personen oder bestimmte Umstände, sondern darin, das Glück wahrzunehmen und zu erkennen. Streng genommen existiert, das wirkliche Glück, das wir fühlen, nicht in äußeren Umständen. Viel eher ist es so, dass manche Dinge oder Umstände ähnlich einem Katalysator bewirken, dass Glück freigesetzt wird. Demzufolge sollten wir uns also auch nicht über Jobs, Erfolge, andere Menschen oder Besitztümer definieren, sondern ganz klar sehen, was uns in diese oder jene glückliche Situation gebracht hat.

**Unsere positive Ausrichtung
& unsere Fähigkeiten,
die wir uns angeeignet haben.**

Beide Dingen kann uns niemand wegnehmen! Warum hast du den tollen Job bekommen? Weil du fähig bist und weil deine gute Energie dich mit den richtigen Leuten vernetzt hat. Den Job oder das Projekt kannst du wieder verlieren, doch die Fähigkeit, wie du etwas bekommen kannst, kannst du weiterhin kultivieren und dann an anderer Stelle gewinnbringend für dich einsetzen.

Manche Menschen haben scheinbar eine gewisse Ausstrahlung, die es besonders leicht für sie macht, bestimmte Dinge zu tun. Es fällt ihnen scheinbar alles zu, scheinbare Zufälle tun sich vor ihnen auf und wenden jeden Schritt, den sie gehen, in eine positive Richtung. Das hat nichts damit zu tun, dass diesen Menschen grundsätzlich nichts Schlechtes passiert, aber sie verwerten die Ereignisse anders und schaffen es, durch ihre Ausstrahlung und gewinnende Verbundenheit den Dingen tatsächlich eine positive Richtung zu geben.

Hierzu gibt es einige Dinge, die ständig wieder zu beobachten sind:

1. Du ziehst an, was du ausstrahlst.
2. Dein Umgang mit dir selbst spiegelt sich im Kontakt mit anderen.
3. Menschen treten nicht zufällig in unser Leben, sondern sind entweder ein Spiegel unserer momentanen geistigen Einstellung und sollen dir entweder helfen dich zu entwickeln oder spiegeln in einer positiven Art, wo du dich mit deiner derzeitigen Ausstrahlung hinbegeben hast.
4. Du kannst durch deine Geisteshaltung beeinflussen wie dein Tag wird.
5. Auch wenn du Dinge nicht ändern kannst, kannst du die Sichtweise, wie du zu ihnen stehst, ändern.

Sei dir also der Macht deiner Gedanken bewusst. Ein wichtiger Schlüssel dazu ist Bewusstsein. Im Zustand der Bewusstheit trennen wir uns von diesem negativen Gedanken. Wir sehen ihn als das was er ist. Ein Gedanke. Es ist nicht unser Leben und auch nicht unsere Realität. Je mehr wir uns jedoch damit beschäftigen und hineinsteigern, umso mehr identifizieren wir uns mit dieser bestimmten, negativen Überzeugung. Wir sind nicht mehr in der Lage, den Gedanken als Gedanken zu identifizieren und uns überkommen schlechte Gefühle und machen dies zu unserer Lebensrealität. Dabei können wir dies oft gar nicht wissen oder objektiv feststellen. Wir unterstellen anderen Personen oder Geschehnissen unbewusst Dinge, vor denen wir uns in der Zukunft fürchten oder mit denen wir in der Vergangenheit negative Erfahrungen gemacht haben.

Ein wichtiger Faktor dabei sind deine Emotionen. Wenn du es schaffst deine Emotionen (kontrollieren klingt so radikal, aber letzten Endes trifft es zu) zu kontrollieren, bist du diejenige Person, die auf Umstände und Personen nicht mehr re-agiert, sondern du bist die Person, die bewusst agiert.

Lerne zu agieren anstatt zu re-agieren.

Je bewusster du dir deiner eigenen Gedanken wirst, umso weniger Verlangen hast du, impulsartig und emotional auf Dinge zu re-agieren und bestimmte

Emotionen, wie Wut, Ärger oder Hass auszuagieren, also ins außen zu transportieren und eine Reaktion hervorrufen zu wollen. Dies ist auch oft die Dynamik von Konflikten. Jemand sagt etwas was dich aufregt und anstatt die Aussage wertneutral „anzuschauen" löst es einen Impuls aus, du folgst dem negativen Impuls und die Situation eskaliert. Häufig sind dies die Muster von Konflikten, die ständig wiederkommen und scheinbar unlösbar sind. Die Kunst, achtsam mit deinen Gedanken umzugehen, besteht darin, aufkommende Gedanken zu visualisieren und noch bevor sie sich als ein Gefühl manifestieren, kurz zu betrachten. Du kannst dir sagen: „Da sind sie also wieder, die schlechten Gefühle. Sie sind also gerade gekommen. Ich nehme sie wahr. Ich lasse sie wieder gehen". Es ist also wichtig, Gefühle nicht zu verdrängen, sondern sie anzuerkennen, ihnen einen Raum zu geben und dann auch in Frieden wieder ziehen zu lassen. Denn ein verdrängter Gedanke drängt sich so lange auf, bis er gesehen wird. Es hilft also nicht, einfach alles zu ignorieren und auf „Off" zu stellen.

Die Interaktion mit anderen Menschen ist hierbei noch schwieriger, da es darum geht, die Dynamik von zwei Menschen zu bedenken.

Generell gelten in der Kommunikation mit anderen Menschen Grundsätze. Wenn du diese berücksichtigst, wird es dir künftig leichter fallen, bei dir zu bleiben.

1. Die Aussage, die die Person trifft, sagt zunächst etwas über die Person und wie SIE ÜBER MICH denkt.
2. Die Wahrnehmung und das Urteil einer anderen Person kann niemals deine Person als Gesamtes erfassen, sondern immer nur den Teil von dir, den du in einem bestimmten Zeitabschnitt von dir preisgegeben hast und der durch den „Wahrnehmungsfilter" deines Gegenübers gegangen ist.
3. Wenn du das Gesagte einer Person bei der Person bleiben „lassen" kannst, hast du Zeit darüber nachzudenken.
4. Du kannst dich auch dazu entscheiden, zunächst nicht auf eine Aussage zu reagieren.
5. Häufig ist es nicht der Inhalt einer Aussage, der uns reagieren lässt, sondern wie etwas gesagt wurde. Wie du auf das „wie" reagierst und warum es dich so negativ anspricht, hat aber erstmal etwas mit dir selbst zu tun.

Kommunikation

Interessant ist es dazu das 4 Ebenen Modell aus der Kommunikationswissenschaft anzuschauen. Daher tragen Aussagen immer Informationen auf mehreren Ebenen mit sich. Du kannst Sachen also nicht nur mehrdeutig kommunizieren, sondern auch selbst auf unterschiedlichen Ebenen verstehen. Um dies zu erklären, zeige ich dir einen Satz.

Folgende Situation: Eine Mutter und ihre gerade 18-jährige Tochter sitzen im Auto. Die Tochter fährt das Auto der Mutter. Die Ampel springt auf grün und die Mutter sagt „Es ist grün". Diese Aussage trägt nun 4 Botschaften in sich:

1. <u>Sachebene</u>: Die Mutter beobachtet und teilt mit, dass es grün wird.

2. <u>Appellebene</u>: Jetzt ist es Zeit loszufahren, fahre los!

3. <u>Beziehungsebene</u>: ICH sage dir, dass du nun fahren sollst/ Ich sorge mich um dich/ Ich passe auf dich auf

4. <u>Selbstoffenbarungsebene</u>: Ich überwache die Situation / Ich kann mich nicht entspannen

Je nachdem auf welcher Ebene der Sprecher seine Aussage intendiert, kommt es auch auf den Hörer an, auf welcher Ebene er diese versteht. Es ist also sehr wahrscheinlich, dass in Konflikten einfach auf verschiedenen Ebenen kommuniziert wird! Häufig gerät man mit den Personen in Konflikt und versteht sich falsch, obwohl oder gerade, weil man sich sehr gut kennt. Hier spielen Erwartungshaltungen, Prägungen und andere Dinge ebenfalls eine Rolle.

Nun bist du dran! Welcher Satz bringt dich am meisten auf die Palme?
Zerlege ihn in die 4 Ebenen!

Aussage:

Sachebene:

_____

Appellebene:

_____

Beziehungsebene:

_____

Selbstoffenbarungsebene:

_____

Diese Übung ist sehr schwierig, denn sie verlangt von dir, vom persönlichen Standpunkt runter zu kommen und der Person, die dich vielleicht oft aufregt, Zugeständnisse zu machen. Gleichzeitig lernst du, genau zuzuhören und dir bewusst zu machen, dass Dinge oft mehrere Bedeutungen haben können und es also auch möglich ist, unterschiedlich darauf zu reagieren.

Emotionen

Wie schon angerissen, haben deine Emotionen einen enorm hohen Einfluss auf dich. Sie steuern dich, schwanken manchmal und sind maßgeblich für die viele zwischenmenschliche Interaktionsprozesse. Stell dir vor, du könntest heute einfach entscheiden, wie sich dein Leben ausrichtet. Und das alles mit der Kraft deiner Emotionen. Emotionen sind zunächst erstmal die Triebfeder in allen möglichen Bereichen des Lebens. Sie sind dafür verantwortlich, wenn wir lieben, streiten und generell interagieren, aber auch wie wir uns selbst wahrnehmen. Aus neurowissenschaftlicher Sicht sind Emotionen momentan erlebte, subjektive Gefühle und werden durch chemische Prozesse in unserem Körper gebildet. Emotionen und Stimmungen werden unter anderem auch stark von hormonellen Prozessen beeinflusst. Besonders Frauen unterliegen zyklusbedingt stärkeren Hormonschwankungen und fühlen bestimmte Schwankungen daher extremer. Aber auch das Schlafverhalten, Ernährung und die generelle

Lebensweise beeinflussen uns stark. Chronisch überarbeitete und müde Menschen sind beispielsweise leichter gereizt und verspüren einen größeren Hunger auf Süßigkeiten. Bevor du also das nächste Mal aus der Haut fährst, führe einen Check-Up mit deinen Wohlfühlkomponenten durch:

Das klingt so simpel? Ist es auch! Denn wenn diese fünf Wohlfühlaspekte nicht berücksichtigt werden, hast du häufig schlechte Laune und weißt gar nicht warum. Wasser ist natürlich lebensnotwendig, aber häufig sind wir einfach dehydriert und fühlen uns dadurch müde, schlapp und gereizt.
Ein guter Schlaf ist die Grundlage für persönliches Wohlbefinden. Ohne eine ausreichende Ruhezeit und Regeneration können wir uns nicht auf neue Aufgaben vorbereiten und sind generell überanstrengt.
Gesunde Ernährung ist ebenfalls ein extrem wichtiger Aspekt! Vermeide industriezuckerhaltiges Essen,

Alkohol und schwerverdauliche, fette, nährstoffarme Nahrung.
Außerdem kann es Wunder wirken, wenn dein Kopf voll ist und du einfach mal eine halbe Stunde raus gehst und einen Spaziergang machst. Noch besser ist es, regelmäßig Ausdauersport zu betreiben! Dies erhöht erwiesenermaßen dein Wohlbefinden, macht dich ausgeglichener und hebt deine Laune. Frische Luft, was oft damit einhergeht, versorgt dein Gehirn mit frischen Sauerstoff und lässt dich oft noch schneller „durchatmen", wenn mal wieder dein Kopf raucht.
Wenn du also ausgeglichener und generell zufrieden bist, fällt es dir viel leichter, cool zu bleiben!

Potentialentwicklung

Weiter oben hast du bereits einiges über Eigenschaften herausgefunden, die im Allgemeinen glückliche Menschen auszeichnen. Es ist aber noch viel individueller! DU hast einen ganz einzigartigen Mix aus Fähigkeiten und Eigenschaften, der DICH definiert und der dich ausmacht. Häufig werden diese Potentiale aber durch negative Selbstüberzeugungen überlagert. Selbstüberzeugungen sind Sätze, die wir von anderen über uns gehört haben oder über uns selbst denken. Und da wir alle in unserem Leben schon häufig beurteilt oder auch verurteilt wurden (schau dir nur den natürlichen Selektionsprozess an Schulen an!), haben sich diese Sätze wie Botschaften in unser Gehirn gebrannt. Das Problem ist, dass sie uns runterziehen und häufig daran hindern, das zu tun was wir eigentlich gut können. Stattdessen konzentrieren wir uns darauf, uns gebetsmühlenartig die Sätze innerlich aufzusagen, die uns nicht weiterhelfen. Dies können Sätze sein wie: „Ich bin so hoffnungs-/orientierungs-/erfolg-los", „ich bin so klein/ dumm/ unscheinbar".

Um deine persönlichen negativen Selbstüberzeugungen herauszufinden machen wir eine Übung. Ich möchte, dass du dir deine negativen Selbstüberzeugungen vergegenwärtigst und visualisierst. Dies ist keine einfache und schöne Übung, aber sie verschafft dir unheimlich viel Klarheit.

Schreibe 3 negative Selbstüberzeugungen auf.

1. _____

2. _____

3. _____

Wenn du das geschafft hast, kannst du wirklich stolz auf dich sein! Es ist nicht einfach, sich diese negativen Selbstüberzeugungen vor Augen zu führen. Sie belasten, lassen dich klein fühlen und werden deiner Gesamtheit als Mensch einfach nicht gerecht. Um sie zu entlarven und später auch wirkungslos zu machen, ist es jedoch nötig sie zunächst anzuschauen.

Wenn Verdecktes ausgesprochen wird, verliert es seine Macht.

Finde zu diesen 3 negativen Selbstüberzeugungen nun 3 positive Umkehrungen und bilde dazu Erweiterungen!

Statt: Keiner kann mich leiden
→ Ich bin ein liebenswerter Mensch
+
Erweiterung: Was du künftig realisieren willst:
+ => Ich komme gut mit anderen klar und viele mögen mich

1. _____
+ Erweiterung:

_____

2. _____
+ Erweiterung:

_____

3. _____

+ Erweiterung:

_____

Auch wenn du nun noch nicht das Gefühl hast, dass du voller Kraft bist, wenn du dich häufig schwach fühlst, musst du die Dinge zunächst laut aussprechen, häufig hören und dir selbst sagen, bevor sie im nächsten Schritt zu deiner Überzeugung werden.

Doch was sind eigentlich diese positiven Überzeugungen?

Positive Selbstüberzeugungen sind dafür verantwortlich, dass du dir Dinge zutraust, dass du in der Lage bist zu lernen und Fortschritte zu machen. Viele erfolgreiche und glückliche Menschen erreichen Dinge, bevor sie sich wirklich davon überzeugt haben, sie zu können. Durch den Glauben an sie selbst, haben sie in ihrem Kopf den Möglichkeitsraum kreiert, es schaffen zu können, um es dann anschließend zu tun. Dieser Annahme liegen auch viele sportwissenschaftliche Erkenntnisse zugrunde. Visualisieren ist also eine Methode, die Sportler verwenden. Sie stellen sich die Übung vor, kurz bevor sie sie ausführen. Der Handstand findet also erst in ihrem Kopf perfekt statt und der Körper folgt schließlich dieser Vorstellung. So finden kontinuierlich Verbesserungen statt.

If you can dream it, you can do it.

Genau auf dieselbe Art und Weise kannst du auch an deiner Einstellung und damit deinem „Set Up" zum persönlichen Glück arbeiten. Niemand ist perfekt und kein Mensch führt ein perfektes Leben! Aber du hast das Steuer in der Hand und bestimmst, wohin die Reise geht. Beruflich, privat und in allgemeinen Dingen. Ich möchte daher, dass du dir für drei deiner Lebensbereiche deiner Wahl drei **SMARTE** Ziele überlegst.

SMART steht für **s**pezifisch- **m**essbar- **a**ttraktiv- **r**ealistisch- **t**erminiert.

Mit diesen fünf Komponenten, die ursprünglich aus dem Projektmanagement kommen stellst du sicher, dass Ziele für dich realisierbar werden und du kleine Schritte konsequent verfolgst und nicht kurz vor Anfang einfach aufgibst.

Definiere also zunächst die drei Bereiche und überlege, **WAS** du verändern beziehungsweise erreichen möchtest!

Lebensbereich	1	2	3
Ziel			
1			
2			
3			

Ein smartes Ziel könnte sein:
=> Ich verbessere meine Ausdauer im kommenden Monat um 10 Laufminuten im zwei Mal wöchentlich stattfindenden Lauftraining.

Formuliere nun aus den unterschiedlichen Bereichen 3 **SMARTE** Ziele für dich:

1. _____

2. _____

3. _____

Die letzten Übungen waren nun sehr konkret und spezifisch. Das ist auch wichtig, um deine Erfolge messbar werden zu lassen und dein Glück gewissermaßen vorhersehbar zu gestalten und aktiv darauf Einfluss zu nehmen. Genauso wichtig ist es aber auch, nach innen gerichtete Visualisierungsübungen durchzuführen. Hierzu möchte ich dich mit auf eine kleine Reise nehmen. Es geht darum, deine inneren Wünsche und Bedürfnisse zu spüren.

Übung: **„Der Sonntagmorgen"**
Schließe deine Augen und stelle dir vor es ist Sonntag. Du hast frei, es ist 07.30 Uhr. Das Licht bricht sich zart durch die weißen Vorhänge und die Sonnenstrahlen kitzeln auf deiner Nase. Du wirst langsam wach, kommst zu Bewusstsein, drehst dich auf die Seite und öffnest deine Augen. Du hast keine Sorgen, es ist alles perfekt für dich und es geht dir blendend.

WAS WIRST DU TUN?

Du darfst dir nun ausmalen und vorstellen, wie dein Tag beginnt, wer vielleicht noch da ist und wie dein perfekter Tag in deinem perfekten Leben aussehen wird. Viel Spaß!

Übung: „Orientierung finden"

Schließe wieder deine Augen und stelle dir vor, du stehst in einem dunklen Raum mit einer Tür. Hinter dieser Tür beginnt eine Welt, mit allem was du dir jemals gewünscht hast und was dich erfüllt und glücklich macht.

Wenn du durch diese Tür gehst, wird dein Leben unmittelbar in einer Szene beginnen, die mitten in diesem glücklichen und wunderbaren Leben startet.

WO BIST DU?

DAS WAR ERST DER ANFANG!

Ich hoffe, bis hier hat Dir das ergänzende Arbeitsbuch zu „Glück- (d)eine Einstellung" gefallen und du konntest Anregungen und Input für dich mitnehmen. Denke dran, es geht nicht darum perfekt zu sein, immer die richtige Antwort auf alle Fragen zu haben, niemals Konflikte zu haben, immer etwas Spannendes zu unternehmen, oder, oder, oder …Es geht darum, mit dir ins Reine zu kommen, dich selbst und deine Bedürfnisse weiter kennenzulernen, im Fluss zu bleiben, Dinge zu tun, die dir Spaß machen und dich selbst auch manchmal gar nicht so ernst zu nehmen. Du bist auf dem Weg, zum Glück, zu dir und zu allem Guten, was noch darauf wartet von dir gefunden zu werden.

Damit deine neuen Erfahrungen nicht verloren gehen, immer wieder abrufbar werden und du dich noch besser reflektieren kannst, geht es jetzt hier für die nächsten 365 Tage weiter. Mit dem täglichen Notieren, und der Reflektion Deines Tages, wird dir immer mehr bewusstwerden, wie du dich in gewissen Situationen fühlst, was dir gut tut, woran du dich erfreust und wie du deinen Fokus ausrichtest. Nutze diese Chance und lass es zu deinem täglichen Begleiter werden.

Beginne noch heute!

Tagesaufgaben

☾　　　Datum　__ __ . __ __ . __ __ __ __

☺

Worüber habe ich mich heute ganz besonders gefreut?

_____
_____
_____
_____

☼

Wem habe ich heute etwas Gutes getan/ ein Kompliment gemacht?

_____
_____
_____
_____

Habe ich heute geschimpft/geflucht/mich beschwert?

☐ Nein
☐ Ja

Was habe ich mir heute Gutes getan?
_____
_____
_____
_____

Wofür bin ich in meinem Leben Dankbar?
_____
_____
_____
_____

Datum __ __. __ __. __ __ __ __

Worüber habe ich mich heute ganz besonders gefreut?

_____
_____
_____
_____

Wem habe ich heute etwas Gutes getan/ ein Kompliment gemacht?

_____
_____
_____
_____

Habe ich heute geschimpft/geflucht/mich beschwert?

☐ Nein
☐ Ja

Was habe ich mir heute Gutes getan?
_____
_____
_____
_____

Wofür bin ich in meinem Leben Dankbar?
_____
_____
_____
_____

Datum __ __. __ __. __ __ __ __

Worüber habe ich mich heute ganz besonders gefreut?

_____
_____
_____
_____

Wem habe ich heute etwas Gutes getan/ ein Kompliment gemacht?

_____
_____
_____
_____

Habe ich heute geschimpft/geflucht/mich beschwert?

☐ Nein
☐ Ja

💬

Was habe ich mir heute Gutes getan?
_____
_____
_____
_____

♡

Wofür bin ich in meinem Leben Dankbar?
_____
_____
_____
_____

☾　　　Datum　__ __. __ __. __ __ __ __

☺

Worüber habe ich mich heute ganz besonders gefreut?

_____
_____
_____
_____

☼

Wem habe ich heute etwas Gutes getan/ ein Kompliment gemacht?

_____
_____
_____
_____

Habe ich heute geschimpft/geflucht/mich beschwert?

☐ Nein
☐ Ja

Was habe ich mir heute Gutes getan?
_____
_____
_____
_____

Wofür bin ich in meinem Leben Dankbar?
_____
_____
_____
_____

☾　　　Datum __ __. __ __. __ __ __ __

☺

Worüber habe ich mich heute ganz besonders gefreut?

_____
_____
_____
_____

☀

Wem habe ich heute etwas Gutes getan/ ein Kompliment gemacht?

_____
_____
_____
_____

Habe ich heute geschimpft/geflucht/mich beschwert?

☐ Nein
☐ Ja

Was habe ich mir heute Gutes getan?
___
___
___
___

Wofür bin ich in meinem Leben Dankbar?
___
___
___
___

Datum __ __. __ __. __ __ __ __

Worüber habe ich mich heute ganz besonders gefreut?

_____
_____
_____
_____

Wem habe ich heute etwas Gutes getan/ ein Kompliment gemacht?

_____
_____
_____
_____

Habe ich heute geschimpft/geflucht/mich beschwert?

☐ Nein
☐ Ja

Was habe ich mir heute Gutes getan?
_____
_____
_____
_____

Wofür bin ich in meinem Leben Dankbar?
_____
_____
_____
_____

☾   Datum __ __. __ __. __ __ __ __

☺

Worüber habe ich mich heute ganz besonders gefreut?

_____
_____
_____
_____

☼

Wem habe ich heute etwas Gutes getan/ ein Kompliment gemacht?

_____
_____
_____
_____

Habe ich heute geschimpft/geflucht/mich beschwert?

☐   Nein
☐   Ja

Was habe ich mir heute Gutes getan?
_____
_____
_____
_____

Wofür bin ich in meinem Leben Dankbar?
_____
_____
_____
_____

Datum __ __. __ __. __ __ __ __

Worüber habe ich mich heute ganz besonders gefreut?

_____
_____
_____
_____

Wem habe ich heute etwas Gutes getan/ ein Kompliment gemacht?

_____
_____
_____
_____

Habe ich heute geschimpft/geflucht/mich beschwert?

☐ Nein
☐ Ja

Was habe ich mir heute Gutes getan?
_____
_____
_____
_____

Wofür bin ich in meinem Leben Dankbar?
_____
_____
_____
_____

☾   Datum __ __ . __ __ . __ __ __ __

☺

Worüber habe ich mich heute ganz besonders gefreut?

_____
_____
_____
_____

☼

Wem habe ich heute etwas Gutes getan/ ein Kompliment gemacht?

_____
_____
_____
_____

Habe ich heute geschimpft/geflucht/mich beschwert?

☐ Nein
☐ Ja

Was habe ich mir heute Gutes getan?
_____
_____
_____
_____

Wofür bin ich in meinem Leben Dankbar?
_____
_____
_____
_____

Datum __ __ . __ __ . __ __ __ __

Worüber habe ich mich heute ganz besonders gefreut?

_____
_____
_____
_____

Wem habe ich heute etwas Gutes getan/ ein Kompliment gemacht?

_____
_____
_____
_____

Habe ich heute geschimpft/geflucht/mich beschwert?

☐ Nein
☐ Ja

Was habe ich mir heute Gutes getan?
_____
_____
_____
_____

Wofür bin ich in meinem Leben Dankbar?
_____
_____
_____
_____

☾   Datum __ __ . __ __ . __ __ __ __

☺

Worüber habe ich mich heute ganz besonders gefreut?

_____
_____
_____
_____

☼

Wem habe ich heute etwas Gutes getan/ ein Kompliment gemacht?

_____
_____
_____
_____

Habe ich heute geschimpft/geflucht/mich beschwert?

☐ Nein
☐ Ja

Was habe ich mir heute Gutes getan?
_____
_____
_____
_____

Wofür bin ich in meinem Leben Dankbar?
_____
_____
_____
_____

☾   Datum __ __ . __ __ . __ __ __ __

☺

Worüber habe ich mich heute ganz besonders gefreut?

_____
_____
_____
_____

☀

Wem habe ich heute etwas Gutes getan/ ein Kompliment gemacht?

_____
_____
_____
_____

Habe ich heute geschimpft/geflucht/mich beschwert?

☐ Nein
☐ Ja

Was habe ich mir heute Gutes getan?
_____
_____
_____
_____

Wofür bin ich in meinem Leben Dankbar?
_____
_____
_____
_____

☾　　　Datum __ __ . __ __ . __ __ __ __

☺

Worüber habe ich mich heute ganz besonders gefreut?

_____
_____
_____
_____

☼

Wem habe ich heute etwas Gutes getan/ ein Kompliment gemacht?

_____
_____
_____
_____

Habe ich heute geschimpft/geflucht/mich beschwert?

☐ Nein
☐ Ja

Was habe ich mir heute Gutes getan?
_____
_____
_____
_____

Wofür bin ich in meinem Leben Dankbar?
_____
_____
_____
_____

☾   Datum __ __ . __ __ . __ __ __ __

☺

Worüber habe ich mich heute ganz besonders gefreut?

_____
_____
_____
_____

☀

Wem habe ich heute etwas Gutes getan/ ein Kompliment gemacht?

_____
_____
_____
_____

Habe ich heute geschimpft/geflucht/mich beschwert?

☐ Nein
☐ Ja

💬

Was habe ich mir heute Gutes getan?
_____
_____
_____
_____

♡

Wofür bin ich in meinem Leben Dankbar?
_____
_____
_____
_____

☾　　　Datum __ __ . __ __ . __ __ __ __

☺

Worüber habe ich mich heute ganz besonders gefreut?

_____
_____
_____
_____

☀

Wem habe ich heute etwas Gutes getan/ ein Kompliment gemacht?

_____
_____
_____
_____

Habe ich heute geschimpft/geflucht/mich beschwert?

☐ Nein
☐ Ja

💬

Was habe ich mir heute Gutes getan?
_____
_____
_____
_____

♡

Wofür bin ich in meinem Leben Dankbar?
_____
_____
_____
_____

Datum __ __ . __ __ . __ __ __ __

Worüber habe ich mich heute ganz besonders gefreut?

_____
_____
_____
_____

Wem habe ich heute etwas Gutes getan/ ein Kompliment gemacht?

_____
_____
_____
_____

Habe ich heute geschimpft/geflucht/mich beschwert?

☐ Nein
☐ Ja

Was habe ich mir heute Gutes getan?
___
___
___
___

Wofür bin ich in meinem Leben Dankbar?
___
___
___
___

Datum __ __ . __ __ . __ __ __ __

Worüber habe ich mich heute ganz besonders gefreut?

_____
_____
_____
_____

Wem habe ich heute etwas Gutes getan/ ein Kompliment gemacht?

_____
_____
_____
_____

Habe ich heute geschimpft/geflucht/mich beschwert?

☐   Nein
☐   Ja

Was habe ich mir heute Gutes getan?
_____
_____
_____
_____

Wofür bin ich in meinem Leben Dankbar?
_____
_____
_____
_____

☾   Datum __ __ . __ __ . __ __ __ __

☺

Worüber habe ich mich heute ganz besonders gefreut?

_____
_____
_____
_____

☀

Wem habe ich heute etwas Gutes getan/ ein Kompliment gemacht?

_____
_____
_____
_____

Habe ich heute geschimpft/geflucht/mich beschwert?

☐ Nein
☐ Ja

Was habe ich mir heute Gutes getan?
_____
_____
_____
_____

Wofür bin ich in meinem Leben Dankbar?
_____
_____
_____
_____

Datum __ __. __ __. __ __ __ __

Worüber habe ich mich heute ganz besonders gefreut?

_____
_____
_____
_____

Wem habe ich heute etwas Gutes getan/ ein Kompliment gemacht?

_____
_____
_____
_____

Habe ich heute geschimpft/geflucht/mich beschwert?

☐ Nein
☐ Ja

Was habe ich mir heute Gutes getan?
_____
_____
_____
_____

Wofür bin ich in meinem Leben Dankbar?
_____
_____
_____
_____

Datum __ __ . __ __ . __ __ __ __

Worüber habe ich mich heute ganz besonders gefreut?

_____
_____
_____
_____

Wem habe ich heute etwas Gutes getan/ ein Kompliment gemacht?

_____
_____
_____
_____

Habe ich heute geschimpft/geflucht/mich beschwert?

☐ Nein
☐ Ja

💬

Was habe ich mir heute Gutes getan?
_____
_____
_____
_____

♡

Wofür bin ich in meinem Leben Dankbar?
_____
_____
_____
_____

☾   Datum __ __ . __ __ . __ __ __ __

☺

Worüber habe ich mich heute ganz besonders gefreut?

_____
_____
_____
_____

☀

Wem habe ich heute etwas Gutes getan/ ein Kompliment gemacht?

_____
_____
_____
_____

Habe ich heute geschimpft/geflucht/mich beschwert?

☐ Nein
☐ Ja

Was habe ich mir heute Gutes getan?
_____
_____
_____
_____

Wofür bin ich in meinem Leben Dankbar?
_____
_____
_____
_____

Datum __ __. __ __. __ __ __ __

Worüber habe ich mich heute ganz besonders gefreut?

_____
_____
_____
_____

Wem habe ich heute etwas Gutes getan/ ein Kompliment gemacht?

_____
_____
_____
_____

Habe ich heute geschimpft/geflucht/mich beschwert?

☐ Nein
☐ Ja

Was habe ich mir heute Gutes getan?
_____
_____
_____
_____

Wofür bin ich in meinem Leben Dankbar?
_____
_____
_____
_____

☾   Datum __ __ . __ __ . __ __ __ __

☺

Worüber habe ich mich heute ganz besonders gefreut?

_____
_____
_____
_____

☼

Wem habe ich heute etwas Gutes getan/ ein Kompliment gemacht?

_____
_____
_____
_____

Habe ich heute geschimpft/geflucht/mich beschwert?

☐ Nein
☐ Ja

💬

Was habe ich mir heute Gutes getan?
_____
_____
_____
_____

♡

Wofür bin ich in meinem Leben Dankbar?
_____
_____
_____
_____

☾   Datum __ __ . __ __ . __ __ __ __

☺

Worüber habe ich mich heute ganz besonders gefreut?

_____
_____
_____
_____

☼

Wem habe ich heute etwas Gutes getan/ ein Kompliment gemacht?

_____
_____
_____
_____

Habe ich heute geschimpft/geflucht/mich beschwert?

☐ Nein
☐ Ja

Was habe ich mir heute Gutes getan?
_____
_____
_____
_____

Wofür bin ich in meinem Leben Dankbar?
_____
_____
_____
_____

☾　　　Datum __ __ . __ __ . __ __ __ __

☺

Worüber habe ich mich heute ganz besonders gefreut?

_____
_____
_____
_____

☀

Wem habe ich heute etwas Gutes getan/ ein Kompliment gemacht?

_____
_____
_____
_____

Habe ich heute geschimpft/geflucht/mich beschwert?

☐　　　Nein
☐　　　Ja

Was habe ich mir heute Gutes getan?
_____
_____
_____
_____

Wofür bin ich in meinem Leben Dankbar?
_____
_____
_____
_____

☾   Datum __ __ . __ __ . __ __ __ __

☺

Worüber habe ich mich heute ganz besonders gefreut?

_____
_____
_____
_____

☼

Wem habe ich heute etwas Gutes getan/ ein Kompliment gemacht?

_____
_____
_____
_____

Habe ich heute geschimpft/geflucht/mich beschwert?

☐ Nein
☐ Ja

Was habe ich mir heute Gutes getan?
_____
_____
_____
_____

Wofür bin ich in meinem Leben Dankbar?
_____
_____
_____
_____

Datum __ __. __ __. __ __ __ __

Worüber habe ich mich heute ganz besonders gefreut?

_____
_____
_____
_____

Wem habe ich heute etwas Gutes getan/ ein Kompliment gemacht?

_____
_____
_____
_____

Habe ich heute geschimpft/geflucht/mich beschwert?

☐ Nein
☐ Ja

Was habe ich mir heute Gutes getan?

_____
_____
_____
_____

Wofür bin ich in meinem Leben Dankbar?

_____
_____
_____
_____

Datum __ __ . __ __ . __ __ __ __

Worüber habe ich mich heute ganz besonders gefreut?

_____
_____
_____
_____

Wem habe ich heute etwas Gutes getan/ ein Kompliment gemacht?

_____
_____
_____
_____

Habe ich heute geschimpft/geflucht/mich beschwert?

☐ Nein
☐ Ja

Was habe ich mir heute Gutes getan?
___
___
___
___

Wofür bin ich in meinem Leben Dankbar?
___
___
___
___

☾   Datum __ __ . __ __ . __ __ __ __

☺

Worüber habe ich mich heute ganz besonders gefreut?

_____
_____
_____
_____

☀

Wem habe ich heute etwas Gutes getan/ ein Kompliment gemacht?

_____
_____
_____
_____

Habe ich heute geschimpft/geflucht/mich beschwert?

☐ Nein
☐ Ja

Was habe ich mir heute Gutes getan?
_____
_____
_____
_____

Wofür bin ich in meinem Leben Dankbar?
_____
_____
_____
_____

☽   Datum __ __ . __ __ . __ __ __ __

☺

Worüber habe ich mich heute ganz besonders gefreut?

_____
_____
_____
_____

☀

Wem habe ich heute etwas Gutes getan/ ein Kompliment gemacht?

_____
_____
_____
_____

Habe ich heute geschimpft/geflucht/mich beschwert?

☐　　Nein
☐　　Ja

Was habe ich mir heute Gutes getan?
_____
_____
_____
_____

Wofür bin ich in meinem Leben Dankbar?
_____
_____
_____
_____

Datum __ __. __ __. __ __ __ __

Worüber habe ich mich heute ganz besonders gefreut?

_____
_____
_____
_____

Wem habe ich heute etwas Gutes getan/ ein Kompliment gemacht?

_____
_____
_____
_____

Habe ich heute geschimpft/geflucht/mich beschwert?

☐ Nein
☐ Ja

Was habe ich mir heute Gutes getan?
_____
_____
_____
_____

Wofür bin ich in meinem Leben Dankbar?
_____
_____
_____
_____

Datum __ __ . __ __ . __ __ __ __

Worüber habe ich mich heute ganz besonders gefreut?

___
___
___
___

Wem habe ich heute etwas Gutes getan/ ein Kompliment gemacht?

___
___
___
___

Habe ich heute geschimpft/geflucht/mich beschwert?

☐ Nein
☐ Ja

Was habe ich mir heute Gutes getan?
___
___
___
___

Wofür bin ich in meinem Leben Dankbar?
___
___
___
___

Datum __ __ . __ __ . __ __ __ __

Worüber habe ich mich heute ganz besonders gefreut?

_____
_____
_____
_____

Wem habe ich heute etwas Gutes getan/ ein Kompliment gemacht?

_____
_____
_____
_____

Habe ich heute geschimpft/geflucht/mich beschwert?

☐ Nein
☐ Ja

Was habe ich mir heute Gutes getan?
_____
_____
_____
_____

Wofür bin ich in meinem Leben Dankbar?
_____
_____
_____
_____

☾　　　Datum __ __ . __ __ . __ __ __ __

☺

Worüber habe ich mich heute ganz besonders gefreut?

_____
_____
_____
_____

☼

Wem habe ich heute etwas Gutes getan/ ein Kompliment gemacht?

_____
_____
_____
_____

Habe ich heute geschimpft/geflucht/mich beschwert?

☐ Nein
☐ Ja

Was habe ich mir heute Gutes getan?
_____
_____
_____
_____

Wofür bin ich in meinem Leben Dankbar?
_____
_____
_____
_____

☾   Datum   __ __ . __ __ . __ __ __ __

☺

Worüber habe ich mich heute ganz besonders gefreut?

_____
_____
_____
_____

☼

Wem habe ich heute etwas Gutes getan/ ein Kompliment gemacht?

_____
_____
_____
_____

Habe ich heute geschimpft/geflucht/mich beschwert?

☐ Nein
☐ Ja

Was habe ich mir heute Gutes getan?
_____
_____
_____
_____

Wofür bin ich in meinem Leben Dankbar?
_____
_____
_____
_____

Datum __ __ . __ __ . __ __ __ __

Worüber habe ich mich heute ganz besonders gefreut?

_____
_____
_____
_____

Wem habe ich heute etwas Gutes getan/ ein Kompliment gemacht?

_____
_____
_____
_____

Habe ich heute geschimpft/geflucht/mich beschwert?

☐ Nein
☐ Ja

Was habe ich mir heute Gutes getan?
_____
_____
_____
_____

Wofür bin ich in meinem Leben Dankbar?
_____
_____
_____
_____

Datum __ __. __ __. __ __ __ __

Worüber habe ich mich heute ganz besonders gefreut?

_____
_____
_____
_____

Wem habe ich heute etwas Gutes getan/ ein Kompliment gemacht?

_____
_____
_____
_____

Habe ich heute geschimpft/geflucht/mich beschwert?

☐ Nein
☐ Ja

Was habe ich mir heute Gutes getan?
_____
_____
_____
_____

Wofür bin ich in meinem Leben Dankbar?
_____
_____
_____
_____

☾   Datum __ __ . __ __ . __ __ __ __

☺

Worüber habe ich mich heute ganz besonders gefreut?

_____
_____
_____
_____

☀

Wem habe ich heute etwas Gutes getan/ ein Kompliment gemacht?

_____
_____
_____
_____

Habe ich heute geschimpft/geflucht/mich beschwert?

☐ Nein
☐ Ja

Was habe ich mir heute Gutes getan?
_____
_____
_____
_____

Wofür bin ich in meinem Leben Dankbar?
_____
_____
_____
_____

☾   Datum __ __ . __ __ . __ __ __ __

☺

Worüber habe ich mich heute ganz besonders gefreut?

_____
_____
_____
_____

☀

Wem habe ich heute etwas Gutes getan/ ein Kompliment gemacht?

_____
_____
_____
_____

Habe ich heute geschimpft/geflucht/mich beschwert?

☐ Nein
☐ Ja

Was habe ich mir heute Gutes getan?
_____
_____
_____
_____

Wofür bin ich in meinem Leben Dankbar?
_____
_____
_____
_____

Datum __ __ . __ __ . __ __ __ __

Worüber habe ich mich heute ganz besonders gefreut?

_____
_____
_____
_____

Wem habe ich heute etwas Gutes getan/ ein Kompliment gemacht?

_____
_____
_____
_____

Habe ich heute geschimpft/geflucht/mich beschwert?

☐ Nein
☐ Ja

💬

Was habe ich mir heute Gutes getan?
_____
_____
_____
_____

♡

Wofür bin ich in meinem Leben Dankbar?
_____
_____
_____
_____

Datum __ __ . __ __ . __ __ __ __

Worüber habe ich mich heute ganz besonders gefreut?

_____
_____
_____
_____

Wem habe ich heute etwas Gutes getan/ ein Kompliment gemacht?

_____
_____
_____
_____

Habe ich heute geschimpft/geflucht/mich beschwert?

☐ Nein
☐ Ja

Was habe ich mir heute Gutes getan?
_____
_____
_____
_____

Wofür bin ich in meinem Leben Dankbar?
_____
_____
_____
_____

Datum   __ __ . __ __ . __ __ __ __

Worüber habe ich mich heute ganz besonders gefreut?

_____
_____
_____
_____

Wem habe ich heute etwas Gutes getan/ ein Kompliment gemacht?

_____
_____
_____
_____

Habe ich heute geschimpft/geflucht/mich beschwert?

☐ Nein
☐ Ja

Was habe ich mir heute Gutes getan?
_____
_____
_____
_____

Wofür bin ich in meinem Leben Dankbar?
_____
_____
_____
_____

Datum __ __. __ __. __ __ __ __

Worüber habe ich mich heute ganz besonders gefreut?

_____
_____
_____
_____

Wem habe ich heute etwas Gutes getan/ ein Kompliment gemacht?

_____
_____
_____
_____

Habe ich heute geschimpft/geflucht/mich beschwert?

☐ Nein
☐ Ja

💬

Was habe ich mir heute Gutes getan?
_____
_____
_____
_____

♡

Wofür bin ich in meinem Leben Dankbar?
_____
_____
_____
_____

☾   Datum __ __ . __ __ . __ __ __ __

☺

Worüber habe ich mich heute ganz besonders gefreut?

_____
_____
_____
_____

☼

Wem habe ich heute etwas Gutes getan/ ein Kompliment gemacht?

_____
_____
_____
_____

Habe ich heute geschimpft/geflucht/mich beschwert?

☐ Nein
☐ Ja

💬

Was habe ich mir heute Gutes getan?
_____
_____
_____
_____

♡

Wofür bin ich in meinem Leben Dankbar?
_____
_____
_____
_____

Datum __ __ . __ __ . __ __ __ __

Worüber habe ich mich heute ganz besonders gefreut?

_____
_____
_____
_____

Wem habe ich heute etwas Gutes getan/ ein Kompliment gemacht?

_____
_____
_____
_____

Habe ich heute geschimpft/geflucht/mich beschwert?

☐   Nein
☐   Ja

Was habe ich mir heute Gutes getan?
_____
_____
_____
_____

Wofür bin ich in meinem Leben Dankbar?
_____
_____
_____
_____

Datum __ __ . __ __ . __ __ __ __

Worüber habe ich mich heute ganz besonders gefreut?

_____
_____
_____
_____

Wem habe ich heute etwas Gutes getan/ ein Kompliment gemacht?

_____
_____
_____
_____

Habe ich heute geschimpft/geflucht/mich beschwert?

☐ Nein
☐ Ja

Was habe ich mir heute Gutes getan?
_____
_____
_____
_____

Wofür bin ich in meinem Leben Dankbar?
_____
_____
_____
_____

☾   Datum __ __. __ __. __ __ __ __

☺

Worüber habe ich mich heute ganz besonders gefreut?

_____
_____
_____
_____

☼

Wem habe ich heute etwas Gutes getan/ ein Kompliment gemacht?

_____
_____
_____
_____

Habe ich heute geschimpft/geflucht/mich beschwert?

☐ Nein
☐ Ja

Was habe ich mir heute Gutes getan?
_____
_____
_____
_____

Wofür bin ich in meinem Leben Dankbar?
_____
_____
_____
_____

☾   Datum __ __ . __ __ . __ __ __ __

☺

Worüber habe ich mich heute ganz besonders gefreut?

_____
_____
_____
_____

☼

Wem habe ich heute etwas Gutes getan/ ein Kompliment gemacht?

_____
_____
_____
_____

Habe ich heute geschimpft/geflucht/mich beschwert?

☐ Nein
☐ Ja

Was habe ich mir heute Gutes getan?
_____
_____
_____
_____

Wofür bin ich in meinem Leben Dankbar?
_____
_____
_____
_____

☾   Datum __ __ . __ __ . __ __ __ __

☺

Worüber habe ich mich heute ganz besonders gefreut?

_____
_____
_____
_____

☼

Wem habe ich heute etwas Gutes getan/ ein Kompliment gemacht?

_____
_____
_____
_____

Habe ich heute geschimpft/geflucht/mich beschwert?

☐ Nein
☐ Ja

Was habe ich mir heute Gutes getan?
_____
_____
_____
_____

Wofür bin ich in meinem Leben Dankbar?
_____
_____
_____
_____

Datum __ __ . __ __ . __ __ __ __

Worüber habe ich mich heute ganz besonders gefreut?

_____
_____
_____
_____

Wem habe ich heute etwas Gutes getan/ ein Kompliment gemacht?

_____
_____
_____
_____

Habe ich heute geschimpft/geflucht/mich beschwert?

☐ Nein
☐ Ja

Was habe ich mir heute Gutes getan?
_____
_____
_____
_____

Wofür bin ich in meinem Leben Dankbar?
_____
_____
_____
_____

Datum __ __ . __ __ . __ __ __ __

Worüber habe ich mich heute ganz besonders gefreut?

_____
_____
_____
_____

Wem habe ich heute etwas Gutes getan/ ein Kompliment gemacht?

_____
_____
_____
_____

Habe ich heute geschimpft/geflucht/mich beschwert?

☐ Nein
☐ Ja

💬

Was habe ich mir heute Gutes getan?
_____
_____
_____
_____

♡

Wofür bin ich in meinem Leben Dankbar?
_____
_____
_____
_____

☾   Datum __ __ . __ __ . __ __ __ __

☺

Worüber habe ich mich heute ganz besonders gefreut?

_____
_____
_____
_____

☼

Wem habe ich heute etwas Gutes getan/ ein Kompliment gemacht?

_____
_____
_____
_____

Habe ich heute geschimpft/geflucht/mich beschwert?

☐ Nein
☐ Ja

Was habe ich mir heute Gutes getan?
_____
_____
_____
_____

Wofür bin ich in meinem Leben Dankbar?
_____
_____
_____
_____

🌙   Datum __ __ . __ __ . __ __ __ __

🙂

Worüber habe ich mich heute ganz besonders gefreut?

_____
_____
_____
_____

☀️

Wem habe ich heute etwas Gutes getan/ ein Kompliment gemacht?

_____
_____
_____
_____

Habe ich heute geschimpft/geflucht/mich beschwert?

☐ Nein
☐ Ja

💬

Was habe ich mir heute Gutes getan?
_____
_____
_____
_____

♡

Wofür bin ich in meinem Leben Dankbar?
_____
_____
_____
_____

☾   Datum __ __. __ __. __ __ __ __

☺

Worüber habe ich mich heute ganz besonders gefreut?

_____
_____
_____
_____

☀

Wem habe ich heute etwas Gutes getan/ ein Kompliment gemacht?

_____
_____
_____
_____

Habe ich heute geschimpft/geflucht/mich beschwert?

☐ Nein
☐ Ja

💬

Was habe ich mir heute Gutes getan?
_____
_____
_____
_____

♡

Wofür bin ich in meinem Leben Dankbar?
_____
_____
_____
_____

☾   Datum ＿＿.＿＿.＿＿＿＿

☺

Worüber habe ich mich heute ganz besonders gefreut?

_____
_____
_____
_____

☼

Wem habe ich heute etwas Gutes getan/ ein Kompliment gemacht?

_____
_____
_____
_____

Habe ich heute geschimpft/geflucht/mich beschwert?

☐ Nein
☐ Ja

💬

Was habe ich mir heute Gutes getan?
_____
_____
_____
_____

♡

Wofür bin ich in meinem Leben Dankbar?
_____
_____
_____
_____

☾   Datum __ __ . __ __ . __ __ __ __

☺

Worüber habe ich mich heute ganz besonders gefreut?

_____
_____
_____
_____

☀

Wem habe ich heute etwas Gutes getan/ ein Kompliment gemacht?

_____
_____
_____
_____

Habe ich heute geschimpft/geflucht/mich beschwert?

☐ Nein
☐ Ja

💬

Was habe ich mir heute Gutes getan?
_____
_____
_____
_____

♡

Wofür bin ich in meinem Leben Dankbar?
_____
_____
_____
_____

Datum __ __ . __ __ . __ __ __ __

Worüber habe ich mich heute ganz besonders gefreut?

_____
_____
_____
_____

Wem habe ich heute etwas Gutes getan/ ein Kompliment gemacht?

_____
_____
_____
_____

Habe ich heute geschimpft/geflucht/mich beschwert?

☐ Nein
☐ Ja

Was habe ich mir heute Gutes getan?
___
___
___
___

Wofür bin ich in meinem Leben Dankbar?
___
___
___
___

☾   Datum __ __ . __ __ . __ __ __ __

☺

Worüber habe ich mich heute ganz besonders gefreut?

_____
_____
_____
_____

☼

Wem habe ich heute etwas Gutes getan/ ein Kompliment gemacht?

_____
_____
_____
_____

Habe ich heute geschimpft/geflucht/mich beschwert?

☐ Nein
☐ Ja

💬

Was habe ich mir heute Gutes getan?
_____
_____
_____
_____

♡

Wofür bin ich in meinem Leben Dankbar?
_____
_____
_____
_____

Datum __ __. __ __. __ __ __ __

Worüber habe ich mich heute ganz besonders gefreut?

_____
_____
_____
_____

Wem habe ich heute etwas Gutes getan/ ein Kompliment gemacht?

_____
_____
_____
_____

Habe ich heute geschimpft/geflucht/mich beschwert?

☐ Nein
☐ Ja

Was habe ich mir heute Gutes getan?
_____
_____
_____
_____

Wofür bin ich in meinem Leben Dankbar?
_____
_____
_____
_____

☾   Datum __ __ . __ __ . __ __ __ __

☺

Worüber habe ich mich heute ganz besonders gefreut?

_____
_____
_____
_____

☀

Wem habe ich heute etwas Gutes getan/ ein Kompliment gemacht?

_____
_____
_____
_____

Habe ich heute geschimpft/geflucht/mich beschwert?

☐ Nein
☐ Ja

💬

Was habe ich mir heute Gutes getan?
_____
_____
_____
_____

♡

Wofür bin ich in meinem Leben Dankbar?
_____
_____
_____
_____

Datum __ __ . __ __ . __ __ __ __

Worüber habe ich mich heute ganz besonders gefreut?

_____
_____
_____
_____

Wem habe ich heute etwas Gutes getan/ ein Kompliment gemacht?

_____
_____
_____
_____

Habe ich heute geschimpft/geflucht/mich beschwert?

☐ Nein
☐ Ja

Was habe ich mir heute Gutes getan?
_____
_____
_____
_____

Wofür bin ich in meinem Leben Dankbar?
_____
_____
_____
_____

☾ Datum __ __. __ __. __ __ __ __

☺

Worüber habe ich mich heute ganz besonders gefreut?

_____
_____
_____
_____

☀

Wem habe ich heute etwas Gutes getan/ ein Kompliment gemacht?

_____
_____
_____
_____

Habe ich heute geschimpft/geflucht/mich beschwert?

☐ Nein
☐ Ja

💬

Was habe ich mir heute Gutes getan?
_____
_____
_____
_____

♡

Wofür bin ich in meinem Leben Dankbar?
_____
_____
_____
_____

☾   Datum __ __ . __ __ . __ __ __ __

☺

Worüber habe ich mich heute ganz besonders gefreut?

_____
_____
_____
_____

☼

Wem habe ich heute etwas Gutes getan/ ein Kompliment gemacht?

_____
_____
_____
_____

Habe ich heute geschimpft/geflucht/mich beschwert?

☐ Nein
☐ Ja

Was habe ich mir heute Gutes getan?
_____
_____
_____
_____

Wofür bin ich in meinem Leben Dankbar?
_____
_____
_____
_____

☾　　　Datum __ __. __ __. __ __ __ __

☺

Worüber habe ich mich heute ganz besonders gefreut?

_____
_____
_____
_____

☼

Wem habe ich heute etwas Gutes getan/ ein Kompliment gemacht?

_____
_____
_____
_____

Habe ich heute geschimpft/geflucht/mich beschwert?

☐ Nein
☐ Ja

Was habe ich mir heute Gutes getan?
_____
_____
_____
_____

Wofür bin ich in meinem Leben Dankbar?
_____
_____
_____
_____

☾   Datum __ __ . __ __ . __ __ __ __

☺

Worüber habe ich mich heute ganz besonders gefreut?

_____
_____
_____
_____

☀

Wem habe ich heute etwas Gutes getan/ ein Kompliment gemacht?

_____
_____
_____
_____

Habe ich heute geschimpft/geflucht/mich beschwert?

☐ Nein
☐ Ja

💬

Was habe ich mir heute Gutes getan?
_____
_____
_____
_____

♡

Wofür bin ich in meinem Leben Dankbar?
_____
_____
_____
_____

☾   Datum __ __ . __ __ . __ __ __ __

☺

Worüber habe ich mich heute ganz besonders gefreut?

_____
_____
_____
_____

☼

Wem habe ich heute etwas Gutes getan/ ein Kompliment gemacht?

_____
_____
_____
_____

Habe ich heute geschimpft/geflucht/mich beschwert?

☐   Nein

☐   Ja

Was habe ich mir heute Gutes getan?

_____
_____
_____
_____

Wofür bin ich in meinem Leben Dankbar?

_____
_____
_____
_____

Datum __ __. __ __. __ __ __ __

Worüber habe ich mich heute ganz besonders gefreut?

_____
_____
_____
_____

Wem habe ich heute etwas Gutes getan/ ein Kompliment gemacht?

_____
_____
_____
_____

Habe ich heute geschimpft/geflucht/mich beschwert?

☐ Nein
☐ Ja

Was habe ich mir heute Gutes getan?
_____
_____
_____
_____

Wofür bin ich in meinem Leben Dankbar?
_____
_____
_____
_____

Datum __ __ . __ __ . __ __ __ __

Worüber habe ich mich heute ganz besonders gefreut?

_____
_____
_____
_____

Wem habe ich heute etwas Gutes getan/ ein Kompliment gemacht?

_____
_____
_____
_____

Habe ich heute geschimpft/geflucht/mich beschwert?

☐ Nein
☐ Ja

💬

Was habe ich mir heute Gutes getan?
_____
_____
_____
_____

♡

Wofür bin ich in meinem Leben Dankbar?
_____
_____
_____
_____

☾ Datum ___.___._____

☺

Worüber habe ich mich heute ganz besonders gefreut?

_____
_____
_____
_____

☼

Wem habe ich heute etwas Gutes getan/ ein Kompliment gemacht?

_____
_____
_____
_____

Habe ich heute geschimpft/geflucht/mich beschwert?

☐ Nein
☐ Ja

Was habe ich mir heute Gutes getan?
_____
_____
_____
_____

Wofür bin ich in meinem Leben Dankbar?
_____
_____
_____
_____

☾　　　Datum　__ __. __ __. __ __ __ __

☺

Worüber habe ich mich heute ganz besonders gefreut?

_____
_____
_____
_____

☼

Wem habe ich heute etwas Gutes getan/ ein Kompliment gemacht?

_____
_____
_____
_____

Habe ich heute geschimpft/geflucht/mich beschwert?

☐ Nein
☐ Ja

Was habe ich mir heute Gutes getan?
_____
_____
_____
_____

Wofür bin ich in meinem Leben Dankbar?
_____
_____
_____
_____

☾   Datum __ __ . __ __ . __ __ __ __

☺

Worüber habe ich mich heute ganz besonders gefreut?

_____
_____
_____
_____

☀

Wem habe ich heute etwas Gutes getan/ ein Kompliment gemacht?

_____
_____
_____
_____

Habe ich heute geschimpft/geflucht/mich beschwert?

☐ Nein
☐ Ja

💬

Was habe ich mir heute Gutes getan?
_____
_____
_____
_____

♡

Wofür bin ich in meinem Leben Dankbar?
_____
_____
_____
_____

Datum __ __. __ __. __ __ __ __

Worüber habe ich mich heute ganz besonders gefreut?

_____
_____
_____
_____

Wem habe ich heute etwas Gutes getan/ ein Kompliment gemacht?

_____
_____
_____
_____

Habe ich heute geschimpft/geflucht/mich beschwert?

☐ Nein
☐ Ja

Was habe ich mir heute Gutes getan?
_____
_____
_____
_____

Wofür bin ich in meinem Leben Dankbar?
_____
_____
_____
_____

☾   Datum __ __ . __ __ . __ __ __ __

☺

Worüber habe ich mich heute ganz besonders gefreut?

_____
_____
_____
_____

☼

Wem habe ich heute etwas Gutes getan/ ein Kompliment gemacht?

_____
_____
_____
_____

Habe ich heute geschimpft/geflucht/mich beschwert?

☐ Nein
☐ Ja

Was habe ich mir heute Gutes getan?
_____
_____
_____
_____

Wofür bin ich in meinem Leben Dankbar?
_____
_____
_____
_____

☾   Datum __ __ . __ __ . __ __ __ __

☺

Worüber habe ich mich heute ganz besonders gefreut?

_____
_____
_____
_____

☼

Wem habe ich heute etwas Gutes getan/ ein Kompliment gemacht?

_____
_____
_____
_____

Habe ich heute geschimpft/geflucht/mich beschwert?

☐ Nein
☐ Ja

Was habe ich mir heute Gutes getan?
_____
_____
_____
_____

Wofür bin ich in meinem Leben Dankbar?
_____
_____
_____
_____

Datum __ __ . __ __ . __ __ __ __

Worüber habe ich mich heute ganz besonders gefreut?

_____
_____
_____
_____

Wem habe ich heute etwas Gutes getan/ ein Kompliment gemacht?

_____
_____
_____
_____

Habe ich heute geschimpft/geflucht/mich beschwert?

☐   Nein
☐   Ja

💬

Was habe ich mir heute Gutes getan?
_____
_____
_____
_____

♡

Wofür bin ich in meinem Leben Dankbar?
_____
_____
_____
_____

☾   Datum __ __ . __ __ . __ __ __ __

☺

Worüber habe ich mich heute ganz besonders gefreut?

_____
_____
_____
_____

☀

Wem habe ich heute etwas Gutes getan/ ein Kompliment gemacht?

_____
_____
_____
_____

Habe ich heute geschimpft/geflucht/mich beschwert?

☐ Nein
☐ Ja

💬

Was habe ich mir heute Gutes getan?
_____
_____
_____
_____

♡

Wofür bin ich in meinem Leben Dankbar?
_____
_____
_____
_____

Datum __ __ . __ __ . __ __ __ __

Worüber habe ich mich heute ganz besonders gefreut?

_____
_____
_____
_____

Wem habe ich heute etwas Gutes getan/ ein Kompliment gemacht?

_____
_____
_____
_____

Habe ich heute geschimpft/geflucht/mich beschwert?

☐ Nein
☐ Ja

Was habe ich mir heute Gutes getan?
_____
_____
_____
_____

Wofür bin ich in meinem Leben Dankbar?
_____
_____
_____
_____

☾   Datum __ __ . __ __ . __ __ __ __

☺

Worüber habe ich mich heute ganz besonders gefreut?

_____
_____
_____
_____

☼

Wem habe ich heute etwas Gutes getan/ ein Kompliment gemacht?

_____
_____
_____
_____

Habe ich heute geschimpft/geflucht/mich beschwert?

☐ Nein
☐ Ja

Was habe ich mir heute Gutes getan?
_____
_____
_____
_____

Wofür bin ich in meinem Leben Dankbar?
_____
_____
_____
_____

☾ Datum __ __ . __ __ . __ __ __ __

☺

Worüber habe ich mich heute ganz besonders gefreut?

_____
_____
_____
_____

☼

Wem habe ich heute etwas Gutes getan/ ein Kompliment gemacht?

_____
_____
_____
_____

Habe ich heute geschimpft/geflucht/mich beschwert?

☐ Nein
☐ Ja

Was habe ich mir heute Gutes getan?
_____
_____
_____
_____

Wofür bin ich in meinem Leben Dankbar?
_____
_____
_____
_____

☾   Datum __ __ . __ __ . __ __ __ __

☺

Worüber habe ich mich heute ganz besonders gefreut?

_____
_____
_____
_____

☼

Wem habe ich heute etwas Gutes getan/ ein Kompliment gemacht?

_____
_____
_____
_____

Habe ich heute geschimpft/geflucht/mich beschwert?

☐ Nein
☐ Ja

Was habe ich mir heute Gutes getan?
_____
_____
_____
_____

Wofür bin ich in meinem Leben Dankbar?
_____
_____
_____
_____

Datum __ __ . __ __ . __ __ __ __

Worüber habe ich mich heute ganz besonders gefreut?

_____
_____
_____
_____

Wem habe ich heute etwas Gutes getan/ ein Kompliment gemacht?

_____
_____
_____
_____

Habe ich heute geschimpft/geflucht/mich beschwert?

☐ Nein
☐ Ja

Was habe ich mir heute Gutes getan?
___
___
___
___

Wofür bin ich in meinem Leben Dankbar?
___
___
___
___

☾   Datum __ __ . __ __ . __ __ __ __

☺

Worüber habe ich mich heute ganz besonders gefreut?

_____
_____
_____
_____

☀

Wem habe ich heute etwas Gutes getan/ ein Kompliment gemacht?

_____
_____
_____
_____

Habe ich heute geschimpft/geflucht/mich beschwert?

☐ Nein
☐ Ja

Was habe ich mir heute Gutes getan?
_____
_____
_____
_____

Wofür bin ich in meinem Leben Dankbar?
_____
_____
_____
_____

Datum __ __ . __ __ . __ __ __ __

Worüber habe ich mich heute ganz besonders gefreut?

_____
_____
_____
_____

Wem habe ich heute etwas Gutes getan/ ein Kompliment gemacht?

_____
_____
_____
_____

Habe ich heute geschimpft/geflucht/mich beschwert?

☐ Nein
☐ Ja

💬

Was habe ich mir heute Gutes getan?
_____
_____
_____
_____

♡

Wofür bin ich in meinem Leben Dankbar?
_____
_____
_____
_____

☾　　　　Datum __ __ . __ __ . __ __ __ __

☺

Worüber habe ich mich heute ganz besonders gefreut?

_____
_____
_____
_____

☼

Wem habe ich heute etwas Gutes getan/ ein Kompliment gemacht?

_____
_____
_____
_____

Habe ich heute geschimpft/geflucht/mich beschwert?

☐ Nein
☐ Ja

Was habe ich mir heute Gutes getan?
_____
_____
_____
_____

Wofür bin ich in meinem Leben Dankbar?
_____
_____
_____
_____

Datum __ __ . __ __ . __ __ __ __

Worüber habe ich mich heute ganz besonders gefreut?

_____
_____
_____
_____

Wem habe ich heute etwas Gutes getan/ ein Kompliment gemacht?

_____
_____
_____
_____

Habe ich heute geschimpft/geflucht/mich beschwert?

☐ Nein
☐ Ja

Was habe ich mir heute Gutes getan?
_____
_____
_____
_____

Wofür bin ich in meinem Leben Dankbar?
_____
_____
_____
_____

☾   Datum __ __. __ __. __ __ __ __

☺

Worüber habe ich mich heute ganz besonders gefreut?

_____
_____
_____
_____

☼

Wem habe ich heute etwas Gutes getan/ ein Kompliment gemacht?

_____
_____
_____
_____

Habe ich heute geschimpft/geflucht/mich beschwert?

☐ Nein
☐ Ja

Was habe ich mir heute Gutes getan?
_____
_____
_____
_____

Wofür bin ich in meinem Leben Dankbar?
_____
_____
_____
_____

☾   Datum __ __ . __ __ . __ __ __ __

☺

Worüber habe ich mich heute ganz besonders gefreut?

_____
_____
_____
_____

☀

Wem habe ich heute etwas Gutes getan/ ein Kompliment gemacht?

_____
_____
_____
_____

Habe ich heute geschimpft/geflucht/mich beschwert?

☐ Nein
☐ Ja

💬

Was habe ich mir heute Gutes getan?
_____
_____
_____
_____

♡

Wofür bin ich in meinem Leben Dankbar?
_____
_____
_____
_____

Datum __ __ . __ __ . __ __ __ __

Worüber habe ich mich heute ganz besonders gefreut?

_____
_____
_____
_____

Wem habe ich heute etwas Gutes getan/ ein Kompliment gemacht?

_____
_____
_____
_____

Habe ich heute geschimpft/geflucht/mich beschwert?

☐ Nein
☐ Ja

Was habe ich mir heute Gutes getan?
_____
_____
_____
_____

Wofür bin ich in meinem Leben Dankbar?
_____
_____
_____
_____

☽   Datum __ __ . __ __ . __ __ __ __

☺

Worüber habe ich mich heute ganz besonders gefreut?

_____
_____
_____
_____

☼

Wem habe ich heute etwas Gutes getan/ ein Kompliment gemacht?

_____
_____
_____
_____

Habe ich heute geschimpft/geflucht/mich beschwert?

☐ Nein
☐ Ja

Was habe ich mir heute Gutes getan?
_____
_____
_____
_____

Wofür bin ich in meinem Leben Dankbar?
_____
_____
_____
_____

Datum __ __ . __ __ . __ __ __ __

Worüber habe ich mich heute ganz besonders gefreut?

_____
_____
_____
_____

Wem habe ich heute etwas Gutes getan/ ein Kompliment gemacht?

_____
_____
_____
_____

Habe ich heute geschimpft/geflucht/mich beschwert?

☐ Nein
☐ Ja

Was habe ich mir heute Gutes getan?
_____
_____
_____
_____

Wofür bin ich in meinem Leben Dankbar?
_____
_____
_____
_____

Datum __ __. __ __. __ __ __ __

Worüber habe ich mich heute ganz besonders gefreut?

_____
_____
_____
_____

Wem habe ich heute etwas Gutes getan/ ein Kompliment gemacht?

_____
_____
_____
_____

Habe ich heute geschimpft/geflucht/mich beschwert?

☐ Nein
☐ Ja

💬

Was habe ich mir heute Gutes getan?
_____
_____
_____

♡

Wofür bin ich in meinem Leben Dankbar?
_____
_____
_____

☾   Datum __ __ . __ __ . __ __ __ __

☺

Worüber habe ich mich heute ganz besonders gefreut?

_____
_____
_____
_____

☼

Wem habe ich heute etwas Gutes getan/ ein Kompliment gemacht?

_____
_____
_____
_____

Habe ich heute geschimpft/geflucht/mich beschwert?

☐ Nein
☐ Ja

Was habe ich mir heute Gutes getan?
_____
_____
_____
_____

Wofür bin ich in meinem Leben Dankbar?
_____
_____
_____
_____

☾　　　Datum __ __. __ __. __ __ __ __

☺

Worüber habe ich mich heute ganz besonders gefreut?

_____
_____
_____
_____

☀

Wem habe ich heute etwas Gutes getan/ ein Kompliment gemacht?

_____
_____
_____
_____

Habe ich heute geschimpft/geflucht/mich beschwert?

☐ Nein
☐ Ja

Was habe ich mir heute Gutes getan?
_____
_____
_____
_____

Wofür bin ich in meinem Leben Dankbar?
_____
_____
_____
_____

☾ Datum __ __. __ __. __ __ __ __

☺

Worüber habe ich mich heute ganz besonders gefreut?

_____
_____
_____
_____

☼

Wem habe ich heute etwas Gutes getan/ ein Kompliment gemacht?

_____
_____
_____
_____

Habe ich heute geschimpft/geflucht/mich beschwert?

☐ Nein
☐ Ja

💬

Was habe ich mir heute Gutes getan?
_____
_____
_____
_____

♡

Wofür bin ich in meinem Leben Dankbar?
_____
_____
_____
_____

☾　　　Datum　__ __. __ __. __ __ __ __

☺

Worüber habe ich mich heute ganz besonders gefreut?

_____
_____
_____
_____

☀

Wem habe ich heute etwas Gutes getan/ ein Kompliment gemacht?

_____
_____
_____
_____

Habe ich heute geschimpft/geflucht/mich beschwert?

☐ Nein
☐ Ja

Was habe ich mir heute Gutes getan?
_____
_____
_____
_____

Wofür bin ich in meinem Leben Dankbar?
_____
_____
_____
_____

☾   Datum __ __. __ __. __ __ __ __

☺

Worüber habe ich mich heute ganz besonders gefreut?

_____
_____
_____
_____

☼

Wem habe ich heute etwas Gutes getan/ ein Kompliment gemacht?

_____
_____
_____
_____

Habe ich heute geschimpft/geflucht/mich beschwert?

☐ Nein
☐ Ja

💬

Was habe ich mir heute Gutes getan?
_____
_____
_____
_____

♡

Wofür bin ich in meinem Leben Dankbar?
_____
_____
_____
_____

☾ Datum __.__.____

☺

Worüber habe ich mich heute ganz besonders gefreut?

_____
_____
_____
_____

☀

Wem habe ich heute etwas Gutes getan/ ein Kompliment gemacht?

_____
_____
_____
_____

Habe ich heute geschimpft/geflucht/mich beschwert?

☐ Nein
☐ Ja

Was habe ich mir heute Gutes getan?
_____
_____
_____
_____

Wofür bin ich in meinem Leben Dankbar?
_____
_____
_____
_____

☾　　　Datum __ __ . __ __ . __ __ __ __

☺

Worüber habe ich mich heute ganz besonders gefreut?

_____
_____
_____
_____

☼

Wem habe ich heute etwas Gutes getan/ ein Kompliment gemacht?

_____
_____
_____
_____

Habe ich heute geschimpft/geflucht/mich beschwert?

☐ Nein
☐ Ja

Was habe ich mir heute Gutes getan?

_____
_____
_____
_____

Wofür bin ich in meinem Leben Dankbar?

_____
_____
_____
_____

☾　　Datum __ __ . __ __ . __ __ __ __

☺

Worüber habe ich mich heute ganz besonders gefreut?

_____
_____
_____
_____

☼

Wem habe ich heute etwas Gutes getan/ ein Kompliment gemacht?

_____
_____
_____
_____

Habe ich heute geschimpft/geflucht/mich beschwert?

☐ Nein
☐ Ja

💬

Was habe ich mir heute Gutes getan?
_____
_____
_____
_____

♡

Wofür bin ich in meinem Leben Dankbar?
_____
_____
_____
_____

Datum __ __ . __ __ . __ __ __ __

Worüber habe ich mich heute ganz besonders gefreut?

_____
_____
_____
_____

Wem habe ich heute etwas Gutes getan/ ein Kompliment gemacht?

_____
_____
_____
_____

Habe ich heute geschimpft/geflucht/mich beschwert?

☐ Nein
☐ Ja

Was habe ich mir heute Gutes getan?
___
___
___
___

Wofür bin ich in meinem Leben Dankbar?
___
___
___
___

☾   Datum __ __ . __ __ . __ __ __ __

☺

Worüber habe ich mich heute ganz besonders gefreut?

_____
_____
_____
_____

☀

Wem habe ich heute etwas Gutes getan/ ein Kompliment gemacht?

_____
_____
_____
_____

Habe ich heute geschimpft/geflucht/mich beschwert?

☐ Nein
☐ Ja

💬

Was habe ich mir heute Gutes getan?
_____
_____
_____
_____

♡

Wofür bin ich in meinem Leben Dankbar?
_____
_____
_____
_____

☾   Datum __ __ . __ __ . __ __ __ __

☺

Worüber habe ich mich heute ganz besonders gefreut?

_____
_____
_____
_____

☀

Wem habe ich heute etwas Gutes getan/ ein Kompliment gemacht?

_____
_____
_____
_____

Habe ich heute geschimpft/geflucht/mich beschwert?

☐ Nein
☐ Ja

Was habe ich mir heute Gutes getan?
_____
_____
_____
_____

Wofür bin ich in meinem Leben Dankbar?
_____
_____
_____
_____

☾   Datum __ __. __ __. __ __ __ __

☺

Worüber habe ich mich heute ganz besonders gefreut?

_____
_____
_____
_____

☀

Wem habe ich heute etwas Gutes getan/ ein Kompliment gemacht?

_____
_____
_____
_____

Habe ich heute geschimpft/geflucht/mich beschwert?

☐ Nein
☐ Ja

Was habe ich mir heute Gutes getan?
_____
_____
_____
_____

Wofür bin ich in meinem Leben Dankbar?
_____
_____
_____
_____

Datum __ __. __ __. __ __ __ __

Worüber habe ich mich heute ganz besonders gefreut?

_____
_____
_____
_____

Wem habe ich heute etwas Gutes getan/ ein Kompliment gemacht?

_____
_____
_____
_____

Habe ich heute geschimpft/geflucht/mich beschwert?

☐ Nein
☐ Ja

Was habe ich mir heute Gutes getan?
_____
_____
_____
_____

Wofür bin ich in meinem Leben Dankbar?
_____
_____
_____
_____

☾   Datum __ __. __ __. __ __ __ __

☺

Worüber habe ich mich heute ganz besonders gefreut?

_____
_____
_____
_____

☀

Wem habe ich heute etwas Gutes getan/ ein Kompliment gemacht?

_____
_____
_____
_____

Habe ich heute geschimpft/geflucht/mich beschwert?

☐   Nein
☐   Ja

💬

Was habe ich mir heute Gutes getan?
_____
_____
_____
_____

♡

Wofür bin ich in meinem Leben Dankbar?
_____
_____
_____
_____

Datum __ __ . __ __ . __ __ __ __

Worüber habe ich mich heute ganz besonders gefreut?

_____
_____
_____
_____

Wem habe ich heute etwas Gutes getan/ ein Kompliment gemacht?

_____
_____
_____
_____

Habe ich heute geschimpft/geflucht/mich beschwert?

☐ Nein
☐ Ja

◯

Was habe ich mir heute Gutes getan?
_____
_____
_____
_____

♡

Wofür bin ich in meinem Leben Dankbar?
_____
_____
_____
_____

☾　　　Datum __ __ . __ __ . __ __ __ __

☺

Worüber habe ich mich heute ganz besonders gefreut?

_____
_____
_____
_____

☀

Wem habe ich heute etwas Gutes getan/ ein Kompliment gemacht?

_____
_____
_____
_____

Habe ich heute geschimpft/geflucht/mich beschwert?

☐ Nein
☐ Ja

Was habe ich mir heute Gutes getan?
_____
_____
_____
_____

Wofür bin ich in meinem Leben Dankbar?
_____
_____
_____
_____

☾   Datum __ __ . __ __ . __ __ __ __

☺

Worüber habe ich mich heute ganz besonders gefreut?

_____
_____
_____
_____

☼

Wem habe ich heute etwas Gutes getan/ ein Kompliment gemacht?

_____
_____
_____
_____

Habe ich heute geschimpft/geflucht/mich beschwert?

☐ Nein
☐ Ja

💬

Was habe ich mir heute Gutes getan?
_____
_____
_____
_____

♡

Wofür bin ich in meinem Leben Dankbar?
_____
_____
_____
_____

☾ Datum __ __ . __ __ . __ __ __ __

☺

Worüber habe ich mich heute ganz besonders gefreut?

_____
_____
_____
_____

☼

Wem habe ich heute etwas Gutes getan/ ein Kompliment gemacht?

_____
_____
_____
_____

Habe ich heute geschimpft/geflucht/mich beschwert?

☐ Nein
☐ Ja

Was habe ich mir heute Gutes getan?
_____
_____
_____
_____

Wofür bin ich in meinem Leben Dankbar?
_____
_____
_____
_____

Datum ___.___._____

Worüber habe ich mich heute ganz besonders gefreut?

_____
_____
_____
_____

Wem habe ich heute etwas Gutes getan/ ein Kompliment gemacht?

_____
_____
_____
_____

Habe ich heute geschimpft/geflucht/mich beschwert?

☐ Nein
☐ Ja

Was habe ich mir heute Gutes getan?

___

Wofür bin ich in meinem Leben Dankbar?

___

☾   Datum __ __. __ __. __ __ __ __

☺

Worüber habe ich mich heute ganz besonders gefreut?

_____
_____
_____
_____

☼

Wem habe ich heute etwas Gutes getan/ ein Kompliment gemacht?

_____
_____
_____
_____

Habe ich heute geschimpft/geflucht/mich beschwert?

☐ Nein
☐ Ja

Was habe ich mir heute Gutes getan?
_____
_____
_____
_____

Wofür bin ich in meinem Leben Dankbar?
_____
_____
_____
_____

☾   Datum __ __ . __ __ . __ __ __ __

☺

Worüber habe ich mich heute ganz besonders gefreut?

_____
_____
_____
_____

☀

Wem habe ich heute etwas Gutes getan/ ein Kompliment gemacht?

_____
_____
_____
_____

Habe ich heute geschimpft/geflucht/mich beschwert?

☐ Nein
☐ Ja

💬

Was habe ich mir heute Gutes getan?
_____
_____
_____
_____

♡

Wofür bin ich in meinem Leben Dankbar?
_____
_____
_____
_____

☾   Datum __ __ . __ __ . __ __ __ __

☺

Worüber habe ich mich heute ganz besonders gefreut?

_____
_____
_____
_____

☼

Wem habe ich heute etwas Gutes getan/ ein Kompliment gemacht?

_____
_____
_____
_____

Habe ich heute geschimpft/geflucht/mich beschwert?

☐ Nein
☐ Ja

Was habe ich mir heute Gutes getan?
_____
_____
_____
_____

Wofür bin ich in meinem Leben Dankbar?
_____
_____
_____
_____

☾   Datum __ __ . __ __ . __ __ __ __

☺

Worüber habe ich mich heute ganz besonders gefreut?

_____
_____
_____
_____

☼

Wem habe ich heute etwas Gutes getan/ ein Kompliment gemacht?

_____
_____
_____
_____

Habe ich heute geschimpft/geflucht/mich beschwert?

☐ Nein
☐ Ja

Was habe ich mir heute Gutes getan?
_____
_____
_____
_____

Wofür bin ich in meinem Leben Dankbar?
_____
_____
_____
_____

Datum __ __. __ __. __ __ __ __

Worüber habe ich mich heute ganz besonders gefreut?

_____
_____
_____
_____

Wem habe ich heute etwas Gutes getan/ ein Kompliment gemacht?

_____
_____
_____
_____

Habe ich heute geschimpft/geflucht/mich beschwert?

☐ Nein
☐ Ja

Was habe ich mir heute Gutes getan?
_____
_____
_____
_____

Wofür bin ich in meinem Leben Dankbar?
_____
_____
_____
_____

☾   Datum __ __ . __ __ . __ __ __ __

☺

Worüber habe ich mich heute ganz besonders gefreut?

_____
_____
_____
_____

☀

Wem habe ich heute etwas Gutes getan/ ein Kompliment gemacht?

_____
_____
_____
_____

Habe ich heute geschimpft/geflucht/mich beschwert?

☐ Nein
☐ Ja

Was habe ich mir heute Gutes getan?
_____
_____
_____
_____

Wofür bin ich in meinem Leben Dankbar?
_____
_____
_____
_____

☾   Datum __ __ . __ __ . __ __ __ __

☺

Worüber habe ich mich heute ganz besonders gefreut?

_____
_____
_____
_____

☀

Wem habe ich heute etwas Gutes getan/ ein Kompliment gemacht?

_____
_____
_____
_____

Habe ich heute geschimpft/geflucht/mich beschwert?

☐ Nein
☐ Ja

Was habe ich mir heute Gutes getan?
_____
_____
_____
_____

Wofür bin ich in meinem Leben Dankbar?
_____
_____
_____
_____

Datum __ __. __ __. __ __ __ __

Worüber habe ich mich heute ganz besonders gefreut?

_____
_____
_____
_____

Wem habe ich heute etwas Gutes getan/ ein Kompliment gemacht?

_____
_____
_____
_____

Habe ich heute geschimpft/geflucht/mich beschwert?

☐ Nein
☐ Ja

💬

Was habe ich mir heute Gutes getan?
_____
_____
_____
_____

♡

Wofür bin ich in meinem Leben Dankbar?
_____
_____
_____
_____

☾　　　Datum __ __ . __ __ . __ __ __ __

☺

Worüber habe ich mich heute ganz besonders gefreut?

_____
_____
_____
_____

☼

Wem habe ich heute etwas Gutes getan/ ein Kompliment gemacht?

_____
_____
_____
_____

Habe ich heute geschimpft/geflucht/mich beschwert?

☐ Nein
☐ Ja

Was habe ich mir heute Gutes getan?
_____
_____
_____
_____

Wofür bin ich in meinem Leben Dankbar?
_____
_____
_____
_____

☾   Datum __ __ . __ __ . __ __ __ __

☺

Worüber habe ich mich heute ganz besonders gefreut?

_____
_____
_____
_____

☀

Wem habe ich heute etwas Gutes getan/ ein Kompliment gemacht?

_____
_____
_____
_____

Habe ich heute geschimpft/geflucht/mich beschwert?

☐ Nein
☐ Ja

Was habe ich mir heute Gutes getan?
___
___
___
___

Wofür bin ich in meinem Leben Dankbar?
___
___
___
___

Datum __ __ . __ __ . __ __ __ __

Worüber habe ich mich heute ganz besonders gefreut?

_____
_____
_____
_____

Wem habe ich heute etwas Gutes getan/ ein Kompliment gemacht?

_____
_____
_____
_____

Habe ich heute geschimpft/geflucht/mich beschwert?

☐ Nein
☐ Ja

Was habe ich mir heute Gutes getan?
_____
_____
_____
_____

Wofür bin ich in meinem Leben Dankbar?
_____
_____
_____
_____

☾   Datum __ __ . __ __ . __ __ __ __

☺

Worüber habe ich mich heute ganz besonders gefreut?

_____
_____
_____
_____

☀

Wem habe ich heute etwas Gutes getan/ ein Kompliment gemacht?

_____
_____
_____
_____

Habe ich heute geschimpft/geflucht/mich beschwert?

☐ Nein
☐ Ja

💬

Was habe ich mir heute Gutes getan?
_____
_____
_____
_____

♡

Wofür bin ich in meinem Leben Dankbar?
_____
_____
_____
_____

☾   Datum __ __. __ __. __ __ __ __

☺

Worüber habe ich mich heute ganz besonders gefreut?

_____
_____
_____
_____

☼

Wem habe ich heute etwas Gutes getan/ ein Kompliment gemacht?

_____
_____
_____
_____

Habe ich heute geschimpft/geflucht/mich beschwert?

☐ Nein
☐ Ja

💬

Was habe ich mir heute Gutes getan?
_____
_____
_____
_____

♡

Wofür bin ich in meinem Leben Dankbar?
_____
_____
_____
_____

☾   Datum __ __. __ __. __ __ __ __

☺

Worüber habe ich mich heute ganz besonders gefreut?

_____
_____
_____
_____

☀

Wem habe ich heute etwas Gutes getan/ ein Kompliment gemacht?

_____
_____
_____
_____

Habe ich heute geschimpft/geflucht/mich beschwert?

☐ Nein
☐ Ja

Was habe ich mir heute Gutes getan?
_____
_____
_____
_____

Wofür bin ich in meinem Leben Dankbar?
_____
_____
_____
_____

☾   Datum __ __. __ __. __ __ __ __

☺

Worüber habe ich mich heute ganz besonders gefreut?

_____
_____
_____
_____

☀

Wem habe ich heute etwas Gutes getan/ ein Kompliment gemacht?

_____
_____
_____
_____

Habe ich heute geschimpft/geflucht/mich beschwert?

☐ Nein
☐ Ja

Was habe ich mir heute Gutes getan?
_____
_____
_____
_____

Wofür bin ich in meinem Leben Dankbar?
_____
_____
_____
_____

☾   Datum __ __ . __ __ . __ __ __ __

☺

Worüber habe ich mich heute ganz besonders gefreut?

_____
_____
_____
_____

☼

Wem habe ich heute etwas Gutes getan/ ein Kompliment gemacht?

_____
_____
_____
_____

Habe ich heute geschimpft/geflucht/mich beschwert?

☐ Nein
☐ Ja

💬

Was habe ich mir heute Gutes getan?
_____
_____
_____
_____

♡

Wofür bin ich in meinem Leben Dankbar?
_____
_____
_____
_____

☾ Datum __ __ . __ __ . __ __ __ __

☺

Worüber habe ich mich heute ganz besonders gefreut?

_____
_____
_____
_____

☼

Wem habe ich heute etwas Gutes getan/ ein Kompliment gemacht?

_____
_____
_____
_____

Habe ich heute geschimpft/geflucht/mich beschwert?

☐ Nein
☐ Ja

Was habe ich mir heute Gutes getan?
_____
_____
_____
_____

Wofür bin ich in meinem Leben Dankbar?
_____
_____
_____
_____

☾ Datum __ __. __ __. __ __ __ __

☺

Worüber habe ich mich heute ganz besonders gefreut?

_____
_____
_____
_____

☼

Wem habe ich heute etwas Gutes getan/ ein Kompliment gemacht?

_____
_____
_____
_____

Habe ich heute geschimpft/geflucht/mich beschwert?

☐ Nein
☐ Ja

Was habe ich mir heute Gutes getan?
_____
_____
_____
_____

Wofür bin ich in meinem Leben Dankbar?
_____
_____
_____
_____

☾ Datum __ __. __ __. __ __ __ __

☺

Worüber habe ich mich heute ganz besonders gefreut?

_____
_____
_____
_____

☼

Wem habe ich heute etwas Gutes getan/ ein Kompliment gemacht?

_____
_____
_____
_____

Habe ich heute geschimpft/geflucht/mich beschwert?

☐ Nein
☐ Ja

Was habe ich mir heute Gutes getan?
_____
_____
_____
_____

Wofür bin ich in meinem Leben Dankbar?
_____
_____
_____
_____

Datum __ __. __ __. __ __ __ __

Worüber habe ich mich heute ganz besonders gefreut?

_____
_____
_____
_____

Wem habe ich heute etwas Gutes getan/ ein Kompliment gemacht?

_____
_____
_____
_____

Habe ich heute geschimpft/geflucht/mich beschwert?

☐ Nein
☐ Ja

💬

Was habe ich mir heute Gutes getan?
_____
_____
_____
_____

♡

Wofür bin ich in meinem Leben Dankbar?
_____
_____
_____
_____

☾   Datum __ __ . __ __ . __ __ __ __

☺

Worüber habe ich mich heute ganz besonders gefreut?

_____
_____
_____
_____

☼

Wem habe ich heute etwas Gutes getan/ ein Kompliment gemacht?

_____
_____
_____
_____

Habe ich heute geschimpft/geflucht/mich beschwert?

☐ Nein
☐ Ja

💬

Was habe ich mir heute Gutes getan?
_____
_____
_____
_____

♡

Wofür bin ich in meinem Leben Dankbar?
_____
_____
_____
_____

☾   Datum __ __ . __ __ . __ __ __ __

☺

Worüber habe ich mich heute ganz besonders gefreut?

_____
_____
_____
_____

☼

Wem habe ich heute etwas Gutes getan/ ein Kompliment gemacht?

_____
_____
_____
_____

Habe ich heute geschimpft/geflucht/mich beschwert?

☐ Nein
☐ Ja

Was habe ich mir heute Gutes getan?

_____
_____
_____
_____

Wofür bin ich in meinem Leben Dankbar?

_____
_____
_____
_____

☾   Datum __ __ . __ __ . __ __ __ __

☺

Worüber habe ich mich heute ganz besonders gefreut?

_____
_____
_____
_____

☼

Wem habe ich heute etwas Gutes getan/ ein Kompliment gemacht?

_____
_____
_____
_____

Habe ich heute geschimpft/geflucht/mich beschwert?

☐ Nein
☐ Ja

💬

Was habe ich mir heute Gutes getan?
_____
_____
_____
_____

♡

Wofür bin ich in meinem Leben Dankbar?
_____
_____
_____
_____

☾   Datum __ __ . __ __ . __ __ __ __

☺

Worüber habe ich mich heute ganz besonders gefreut?

_____
_____
_____
_____

☼

Wem habe ich heute etwas Gutes getan/ ein Kompliment gemacht?

_____
_____
_____
_____

Habe ich heute geschimpft/geflucht/mich beschwert?

☐ Nein
☐ Ja

💬

Was habe ich mir heute Gutes getan?

_____
_____
_____
_____

♡

Wofür bin ich in meinem Leben Dankbar?

_____
_____
_____
_____

☾   Datum __ __. __ __. __ __ __ __

☺

Worüber habe ich mich heute ganz besonders gefreut?

_____
_____
_____
_____

☼

Wem habe ich heute etwas Gutes getan/ ein Kompliment gemacht?

_____
_____
_____
_____

Habe ich heute geschimpft/geflucht/mich beschwert?

☐ Nein
☐ Ja

💬

Was habe ich mir heute Gutes getan?
_____
_____
_____

♡

Wofür bin ich in meinem Leben Dankbar?
_____
_____
_____

☾   Datum __ __ . __ __ . __ __ __ __

☺

Worüber habe ich mich heute ganz besonders gefreut?

_____
_____
_____
_____

☀

Wem habe ich heute etwas Gutes getan/ ein Kompliment gemacht?

_____
_____
_____
_____

Habe ich heute geschimpft/geflucht/mich beschwert?

☐ Nein
☐ Ja

💬

Was habe ich mir heute Gutes getan?
_____
_____
_____
_____

♡

Wofür bin ich in meinem Leben Dankbar?
_____
_____
_____
_____

Datum __ __ . __ __ . __ __ __ __

Worüber habe ich mich heute ganz besonders gefreut?

_____
_____
_____
_____

Wem habe ich heute etwas Gutes getan/ ein Kompliment gemacht?

_____
_____
_____
_____

Habe ich heute geschimpft/geflucht/mich beschwert?

☐ Nein
☐ Ja

Was habe ich mir heute Gutes getan?
_____
_____
_____
_____

Wofür bin ich in meinem Leben Dankbar?
_____
_____
_____
_____

Datum __ __ . __ __ . __ __ __ __

Worüber habe ich mich heute ganz besonders gefreut?

_____
_____
_____
_____

Wem habe ich heute etwas Gutes getan/ ein Kompliment gemacht?

_____
_____
_____
_____

Habe ich heute geschimpft/geflucht/mich beschwert?

☐ Nein
☐ Ja

Was habe ich mir heute Gutes getan?
_____
_____
_____
_____

Wofür bin ich in meinem Leben Dankbar?
_____
_____
_____
_____

🌙 Datum __ __. __ __. __ __ __ __

🙂

Worüber habe ich mich heute ganz besonders gefreut?

_____
_____
_____
_____

☀

Wem habe ich heute etwas Gutes getan/ ein Kompliment gemacht?

_____
_____
_____
_____

Habe ich heute geschimpft/geflucht/mich beschwert?

☐ Nein
☐ Ja

💬

Was habe ich mir heute Gutes getan?
_____
_____
_____
_____

♡

Wofür bin ich in meinem Leben Dankbar?
_____
_____
_____
_____

☾   Datum __ __ . __ __ . __ __ __ __

☺

Worüber habe ich mich heute ganz besonders gefreut?

_____
_____
_____
_____

☀

Wem habe ich heute etwas Gutes getan/ ein Kompliment gemacht?

_____
_____
_____
_____

Habe ich heute geschimpft/geflucht/mich beschwert?

☐ Nein
☐ Ja

Was habe ich mir heute Gutes getan?
_____
_____
_____
_____

Wofür bin ich in meinem Leben Dankbar?
_____
_____
_____
_____

Datum __ __. __ __. __ __ __ __

Worüber habe ich mich heute ganz besonders gefreut?

_____
_____
_____
_____

Wem habe ich heute etwas Gutes getan/ ein Kompliment gemacht?

_____
_____
_____
_____

Habe ich heute geschimpft/geflucht/mich beschwert?

☐ Nein
☐ Ja

💬

Was habe ich mir heute Gutes getan?
_____
_____
_____
_____

♡

Wofür bin ich in meinem Leben Dankbar?
_____
_____
_____
_____

☾   Datum __ __. __ __. __ __ __ __

☺

Worüber habe ich mich heute ganz besonders gefreut?

_____
_____
_____
_____

☼

Wem habe ich heute etwas Gutes getan/ ein Kompliment gemacht?

_____
_____
_____
_____

Habe ich heute geschimpft/geflucht/mich beschwert?

☐ Nein
☐ Ja

💬

Was habe ich mir heute Gutes getan?
_____
_____
_____
_____

♡

Wofür bin ich in meinem Leben Dankbar?
_____
_____
_____
_____

☾　　　Datum __ __ . __ __ . __ __ __ __

☺

Worüber habe ich mich heute ganz besonders gefreut?

_____
_____
_____
_____

☼

Wem habe ich heute etwas Gutes getan/ ein Kompliment gemacht?

_____
_____
_____
_____

Habe ich heute geschimpft/geflucht/mich beschwert?

☐   Nein

☐   Ja

Was habe ich mir heute Gutes getan?
_____
_____
_____
_____

Wofür bin ich in meinem Leben Dankbar?
_____
_____
_____
_____

☾   Datum __.__.____

☺

Worüber habe ich mich heute ganz besonders gefreut?

_____
_____
_____
_____

☀

Wem habe ich heute etwas Gutes getan/ ein Kompliment gemacht?

_____
_____
_____
_____

Habe ich heute geschimpft/geflucht/mich beschwert?

☐ Nein
☐ Ja

💬

Was habe ich mir heute Gutes getan?
_____
_____
_____
_____

♡

Wofür bin ich in meinem Leben Dankbar?
_____
_____
_____
_____

☾   Datum __ __ . __ __ . __ __ __ __

☺

Worüber habe ich mich heute ganz besonders gefreut?

_____
_____
_____
_____

☼

Wem habe ich heute etwas Gutes getan/ ein Kompliment gemacht?

_____
_____
_____
_____

Habe ich heute geschimpft/geflucht/mich beschwert?

☐ Nein
☐ Ja

💬

Was habe ich mir heute Gutes getan?
_____
_____
_____
_____

♡

Wofür bin ich in meinem Leben Dankbar?
_____
_____
_____
_____

Datum __ __ . __ __ . __ __ __ __

Worüber habe ich mich heute ganz besonders gefreut?

_____
_____
_____
_____

Wem habe ich heute etwas Gutes getan/ ein Kompliment gemacht?

_____
_____
_____
_____

Habe ich heute geschimpft/geflucht/mich beschwert?

☐ Nein
☐ Ja

Was habe ich mir heute Gutes getan?
_____
_____
_____
_____

Wofür bin ich in meinem Leben Dankbar?
_____
_____
_____
_____

🌙 Datum __ __. __ __. __ __ __ __

☺

Worüber habe ich mich heute ganz besonders gefreut?

_____
_____
_____
_____

☀

Wem habe ich heute etwas Gutes getan/ ein Kompliment gemacht?

_____
_____
_____
_____

Habe ich heute geschimpft/geflucht/mich beschwert?

☐ Nein
☐ Ja

Was habe ich mir heute Gutes getan?
_____
_____
_____
_____

Wofür bin ich in meinem Leben Dankbar?
_____
_____
_____
_____

Datum __ __. __ __. __ __ __ __

Worüber habe ich mich heute ganz besonders gefreut?

_____
_____
_____
_____

Wem habe ich heute etwas Gutes getan/ ein Kompliment gemacht?

_____
_____
_____
_____

Habe ich heute geschimpft/geflucht/mich beschwert?

☐ Nein
☐ Ja

Was habe ich mir heute Gutes getan?
_____
_____
_____
_____

Wofür bin ich in meinem Leben Dankbar?
_____
_____
_____
_____

Datum __ __ . __ __ . __ __ __ __

Worüber habe ich mich heute ganz besonders gefreut?

_____
_____
_____
_____

Wem habe ich heute etwas Gutes getan/ ein Kompliment gemacht?

_____
_____
_____
_____

Habe ich heute geschimpft/geflucht/mich beschwert?

☐ Nein
☐ Ja

Was habe ich mir heute Gutes getan?
_____
_____
_____
_____

Wofür bin ich in meinem Leben Dankbar?
_____
_____
_____
_____

☾   Datum __ __ . __ __ . __ __ __ __

☺

Worüber habe ich mich heute ganz besonders gefreut?

_____
_____
_____
_____

☼

Wem habe ich heute etwas Gutes getan/ ein Kompliment gemacht?

_____
_____
_____
_____

Habe ich heute geschimpft/geflucht/mich beschwert?

☐   Nein
☐   Ja

💬

Was habe ich mir heute Gutes getan?
_____
_____
_____
_____

♡

Wofür bin ich in meinem Leben Dankbar?
_____
_____
_____
_____

☾ Datum __ __. __ __. __ __ __ __

☺

Worüber habe ich mich heute ganz besonders gefreut?

_____
_____
_____
_____

☼

Wem habe ich heute etwas Gutes getan/ ein Kompliment gemacht?

_____
_____
_____
_____

Habe ich heute geschimpft/geflucht/mich beschwert?

☐ Nein
☐ Ja

Was habe ich mir heute Gutes getan?

_____
_____
_____
_____

Wofür bin ich in meinem Leben Dankbar?

_____
_____
_____
_____

Datum __ __ . __ __ . __ __ __ __

Worüber habe ich mich heute ganz besonders gefreut?

_____
_____
_____
_____

Wem habe ich heute etwas Gutes getan/ ein Kompliment gemacht?

_____
_____
_____
_____

Habe ich heute geschimpft/geflucht/mich beschwert?

☐ Nein
☐ Ja

Was habe ich mir heute Gutes getan?
_____
_____
_____
_____

Wofür bin ich in meinem Leben Dankbar?
_____
_____
_____
_____

☾   Datum __ __. __ __. __ __ __ __

☺

Worüber habe ich mich heute ganz besonders gefreut?

_____
_____
_____
_____

☼

Wem habe ich heute etwas Gutes getan/ ein Kompliment gemacht?

_____
_____
_____
_____

Habe ich heute geschimpft/geflucht/mich beschwert?

☐ Nein
☐ Ja

Was habe ich mir heute Gutes getan?
___
___
___
___

Wofür bin ich in meinem Leben Dankbar?
___
___
___
___

Datum __ __ . __ __ . __ __ __ __

Worüber habe ich mich heute ganz besonders gefreut?

_____
_____
_____
_____

Wem habe ich heute etwas Gutes getan/ ein Kompliment gemacht?

_____
_____
_____
_____

Habe ich heute geschimpft/geflucht/mich beschwert?

☐ Nein
☐ Ja

Was habe ich mir heute Gutes getan?
_____
_____
_____
_____

Wofür bin ich in meinem Leben Dankbar?
_____
_____
_____
_____

☾   Datum __ __. __ __. __ __ __ __

☺

Worüber habe ich mich heute ganz besonders gefreut?

_____
_____
_____
_____

☼

Wem habe ich heute etwas Gutes getan/ ein Kompliment gemacht?

_____
_____
_____
_____

Habe ich heute geschimpft/geflucht/mich beschwert?

☐ Nein
☐ Ja

💬

Was habe ich mir heute Gutes getan?
_____
_____
_____
_____

♡

Wofür bin ich in meinem Leben Dankbar?
_____
_____
_____
_____

☾   Datum __ __. __ __. __ __ __ __

☺

Worüber habe ich mich heute ganz besonders gefreut?

_____
_____
_____
_____

☼

Wem habe ich heute etwas Gutes getan/ ein Kompliment gemacht?

_____
_____
_____
_____

Habe ich heute geschimpft/geflucht/mich beschwert?

☐ Nein
☐ Ja

Was habe ich mir heute Gutes getan?
_____
_____
_____
_____

Wofür bin ich in meinem Leben Dankbar?
_____
_____
_____
_____

☾   Datum __ __. __ __. __ __ __ __

☺

Worüber habe ich mich heute ganz besonders gefreut?

_____
_____
_____
_____

☀

Wem habe ich heute etwas Gutes getan/ ein Kompliment gemacht?

_____
_____
_____
_____

Habe ich heute geschimpft/geflucht/mich beschwert?

☐ Nein
☐ Ja

Was habe ich mir heute Gutes getan?
_____
_____
_____
_____

Wofür bin ich in meinem Leben Dankbar?
_____
_____
_____
_____

☾ Datum __ __ . __ __ . __ __ __ __

☺

Worüber habe ich mich heute ganz besonders gefreut?

_____
_____
_____
_____

☀

Wem habe ich heute etwas Gutes getan/ ein Kompliment gemacht?

_____
_____
_____
_____

Habe ich heute geschimpft/geflucht/mich beschwert?

☐ Nein
☐ Ja

💬

Was habe ich mir heute Gutes getan?
_____
_____
_____
_____

♡

Wofür bin ich in meinem Leben Dankbar?
_____
_____
_____
_____

☾ Datum __ __ . __ __ . __ __ __ __

☺

Worüber habe ich mich heute ganz besonders gefreut?

_____
_____
_____
_____

☼

Wem habe ich heute etwas Gutes getan/ ein Kompliment gemacht?

_____
_____
_____
_____

Habe ich heute geschimpft/geflucht/mich beschwert?

☐ Nein
☐ Ja

Was habe ich mir heute Gutes getan?
_____
_____
_____
_____

Wofür bin ich in meinem Leben Dankbar?
_____
_____
_____
_____

Datum __ __ . __ __ . __ __ __ __

Worüber habe ich mich heute ganz besonders gefreut?

_____
_____
_____
_____

Wem habe ich heute etwas Gutes getan/ ein Kompliment gemacht?

_____
_____
_____
_____

Habe ich heute geschimpft/geflucht/mich beschwert?

☐ Nein
☐ Ja

💬

Was habe ich mir heute Gutes getan?
_____
_____
_____
_____

♡

Wofür bin ich in meinem Leben Dankbar?
_____
_____
_____
_____

☾　　　Datum ＿＿.＿＿.＿＿＿＿

☺

Worüber habe ich mich heute ganz besonders gefreut?

_____
_____
_____
_____

☀

Wem habe ich heute etwas Gutes getan/ ein Kompliment gemacht?

_____
_____
_____
_____

Habe ich heute geschimpft/geflucht/mich beschwert?

☐ Nein
☐ Ja

💬

Was habe ich mir heute Gutes getan?
_____
_____
_____
_____

♡

Wofür bin ich in meinem Leben Dankbar?
_____
_____
_____
_____

☾ Datum __ __ . __ __ . __ __ __ __

☺

Worüber habe ich mich heute ganz besonders gefreut?

_____
_____
_____
_____

☼

Wem habe ich heute etwas Gutes getan/ ein Kompliment gemacht?

_____
_____
_____
_____

Habe ich heute geschimpft/geflucht/mich beschwert?

☐ Nein
☐ Ja

Was habe ich mir heute Gutes getan?
_____
_____
_____
_____

Wofür bin ich in meinem Leben Dankbar?
_____
_____
_____
_____

☾   Datum __ __. __ __. __ __ __ __

☺

Worüber habe ich mich heute ganz besonders gefreut?

_____
_____
_____
_____

☀

Wem habe ich heute etwas Gutes getan/ ein Kompliment gemacht?

_____
_____
_____
_____

Habe ich heute geschimpft/geflucht/mich beschwert?

☐ Nein
☐ Ja

🗨

Was habe ich mir heute Gutes getan?
_____
_____
_____
_____

♡

Wofür bin ich in meinem Leben Dankbar?
_____
_____
_____
_____

Datum __ __. __ __. __ __ __ __

Worüber habe ich mich heute ganz besonders gefreut?

_____
_____
_____
_____

Wem habe ich heute etwas Gutes getan/ ein Kompliment gemacht?

_____
_____
_____
_____

Habe ich heute geschimpft/geflucht/mich beschwert?

☐ Nein

☐ Ja

Was habe ich mir heute Gutes getan?
_____
_____
_____
_____

Wofür bin ich in meinem Leben Dankbar?
_____
_____
_____
_____

☾ Datum __ __. __ __. __ __ __ __

☺

Worüber habe ich mich heute ganz besonders gefreut?

_____
_____
_____
_____

☼

Wem habe ich heute etwas Gutes getan/ ein Kompliment gemacht?

_____
_____
_____
_____

Habe ich heute geschimpft/geflucht/mich beschwert?

☐ Nein
☐ Ja

Was habe ich mir heute Gutes getan?
_____
_____
_____
_____

Wofür bin ich in meinem Leben Dankbar?
_____
_____
_____
_____

☾   Datum __ __ . __ __ . __ __ __ __

☺

Worüber habe ich mich heute ganz besonders gefreut?

_____
_____
_____
_____

☼

Wem habe ich heute etwas Gutes getan/ ein Kompliment gemacht?

_____
_____
_____
_____

Habe ich heute geschimpft/geflucht/mich beschwert?

☐ Nein
☐ Ja

💬

Was habe ich mir heute Gutes getan?
_____
_____
_____
_____

♡

Wofür bin ich in meinem Leben Dankbar?
_____
_____
_____
_____

☾   Datum __ __ . __ __ . __ __ __ __

☺

Worüber habe ich mich heute ganz besonders gefreut?

_____
_____
_____
_____

☼

Wem habe ich heute etwas Gutes getan/ ein Kompliment gemacht?

_____
_____
_____
_____

Habe ich heute geschimpft/geflucht/mich beschwert?

☐   Nein
☐   Ja

Was habe ich mir heute Gutes getan?
_____
_____
_____
_____

Wofür bin ich in meinem Leben Dankbar?
_____
_____
_____
_____

Datum ____.____._____

Worüber habe ich mich heute ganz besonders gefreut?

_____
_____
_____
_____

Wem habe ich heute etwas Gutes getan/ ein Kompliment gemacht?

_____
_____
_____
_____

Habe ich heute geschimpft/geflucht/mich beschwert?

☐ Nein
☐ Ja

💬

Was habe ich mir heute Gutes getan?
_____
_____
_____
_____

♡

Wofür bin ich in meinem Leben Dankbar?
_____
_____
_____
_____

Datum __ __. __ __. __ __ __ __

Worüber habe ich mich heute ganz besonders gefreut?

___
___
___
___

Wem habe ich heute etwas Gutes getan/ ein Kompliment gemacht?

___
___
___
___

Habe ich heute geschimpft/geflucht/mich beschwert?

☐ Nein
☐ Ja

Was habe ich mir heute Gutes getan?
_____
_____
_____
_____

Wofür bin ich in meinem Leben Dankbar?
_____
_____
_____
_____

Datum __ __ . __ __ . __ __ __ __

Worüber habe ich mich heute ganz besonders gefreut?

_____
_____
_____
_____

Wem habe ich heute etwas Gutes getan/ ein Kompliment gemacht?

_____
_____
_____
_____

Habe ich heute geschimpft/geflucht/mich beschwert?

☐ Nein
☐ Ja

💬

Was habe ich mir heute Gutes getan?
_____
_____
_____
_____

♡

Wofür bin ich in meinem Leben Dankbar?
_____
_____
_____
_____

Datum __ __ . __ __ . __ __ __ __

Worüber habe ich mich heute ganz besonders gefreut?

_____
_____
_____
_____

Wem habe ich heute etwas Gutes getan/ ein Kompliment gemacht?

_____
_____
_____
_____

Habe ich heute geschimpft/geflucht/mich beschwert?

☐ Nein
☐ Ja

💬

Was habe ich mir heute Gutes getan?
_____
_____
_____
_____

♡

Wofür bin ich in meinem Leben Dankbar?
_____
_____
_____
_____

☾   Datum __ __ . __ __ . __ __ __ __

☺

Worüber habe ich mich heute ganz besonders gefreut?

_____
_____
_____
_____

☼

Wem habe ich heute etwas Gutes getan/ ein Kompliment gemacht?

_____
_____
_____
_____

Habe ich heute geschimpft/geflucht/mich beschwert?

☐ Nein
☐ Ja

💬

Was habe ich mir heute Gutes getan?
_____
_____
_____
_____

♡

Wofür bin ich in meinem Leben Dankbar?
_____
_____
_____
_____

☾   Datum __ __ . __ __ . __ __ __ __

☺

Worüber habe ich mich heute ganz besonders gefreut?

_____
_____
_____
_____

☀

Wem habe ich heute etwas Gutes getan/ ein Kompliment gemacht?

_____
_____
_____
_____

Habe ich heute geschimpft/geflucht/mich beschwert?

☐ Nein
☐ Ja

💬

Was habe ich mir heute Gutes getan?
_____
_____
_____
_____

♡

Wofür bin ich in meinem Leben Dankbar?
_____
_____
_____
_____

☾   Datum __ __. __ __. __ __ __ __

☺

Worüber habe ich mich heute ganz besonders gefreut?

_____
_____
_____
_____

☼

Wem habe ich heute etwas Gutes getan/ ein Kompliment gemacht?

_____
_____
_____
_____

Habe ich heute geschimpft/geflucht/mich beschwert?

☐ Nein
☐ Ja

💬

Was habe ich mir heute Gutes getan?
_____
_____
_____
_____

♡

Wofür bin ich in meinem Leben Dankbar?
_____
_____
_____
_____

☾   Datum __ __. __ __. __ __ __ __

☺

Worüber habe ich mich heute ganz besonders gefreut?

_____
_____
_____
_____

☼

Wem habe ich heute etwas Gutes getan/ ein Kompliment gemacht?

_____
_____
_____
_____

Habe ich heute geschimpft/geflucht/mich beschwert?

☐ Nein
☐ Ja

💬

Was habe ich mir heute Gutes getan?
_____
_____
_____
_____

♡

Wofür bin ich in meinem Leben Dankbar?
_____
_____
_____
_____

☾ Datum __ __ . __ __ . __ __ __ __

☺

Worüber habe ich mich heute ganz besonders gefreut?

_____
_____
_____

☼

Wem habe ich heute etwas Gutes getan/ ein Kompliment gemacht?

_____
_____
_____

Habe ich heute geschimpft/geflucht/mich beschwert?

☐ Nein
☐ Ja

Was habe ich mir heute Gutes getan?
_____
_____
_____
_____

Wofür bin ich in meinem Leben Dankbar?
_____
_____
_____
_____

☾   Datum __ __. __ __. __ __ __ __

☺

Worüber habe ich mich heute ganz besonders gefreut?

_____
_____
_____
_____

☼

Wem habe ich heute etwas Gutes getan/ ein Kompliment gemacht?

_____
_____
_____
_____

Habe ich heute geschimpft/geflucht/mich beschwert?

☐ Nein
☐ Ja

💬

Was habe ich mir heute Gutes getan?
_____
_____
_____
_____

♡

Wofür bin ich in meinem Leben Dankbar?
_____
_____
_____
_____

☾   Datum __ __. __ __. __ __ __ __

☺

Worüber habe ich mich heute ganz besonders gefreut?

_____
_____
_____
_____

☼

Wem habe ich heute etwas Gutes getan/ ein Kompliment gemacht?

_____
_____
_____
_____

Habe ich heute geschimpft/geflucht/mich beschwert?

☐ Nein
☐ Ja

💬

Was habe ich mir heute Gutes getan?
_____
_____
_____
_____

♡

Wofür bin ich in meinem Leben Dankbar?
_____
_____
_____
_____

☾   Datum __ __. __ __. __ __ __ __

☺

Worüber habe ich mich heute ganz besonders gefreut?

_____
_____
_____
_____

☼

Wem habe ich heute etwas Gutes getan/ ein Kompliment gemacht?

_____
_____
_____
_____

Habe ich heute geschimpft/geflucht/mich beschwert?

☐   Nein
☐   Ja

💬

Was habe ich mir heute Gutes getan?
_____
_____
_____
_____

♡

Wofür bin ich in meinem Leben Dankbar?
_____
_____
_____
_____

☾   Datum __ __ . __ __ . __ __ __ __

☺

Worüber habe ich mich heute ganz besonders gefreut?

_____
_____
_____
_____

☼

Wem habe ich heute etwas Gutes getan/ ein Kompliment gemacht?

_____
_____
_____
_____

Habe ich heute geschimpft/geflucht/mich beschwert?

☐ Nein
☐ Ja

💬

Was habe ich mir heute Gutes getan?
_____
_____
_____
_____

♡

Wofür bin ich in meinem Leben Dankbar?
_____
_____
_____
_____

☾   Datum __ __. __ __. __ __ __ __

☺

Worüber habe ich mich heute ganz besonders gefreut?

_____
_____
_____
_____

☼

Wem habe ich heute etwas Gutes getan/ ein Kompliment gemacht?

_____
_____
_____
_____

Habe ich heute geschimpft/geflucht/mich beschwert?

☐ Nein
☐ Ja

💬

Was habe ich mir heute Gutes getan?
_____
_____
_____
_____

♡

Wofür bin ich in meinem Leben Dankbar?
_____
_____
_____
_____

Datum __ __ . __ __ . __ __ __ __

Worüber habe ich mich heute ganz besonders gefreut?

_____
_____
_____
_____

Wem habe ich heute etwas Gutes getan/ ein Kompliment gemacht?

_____
_____
_____
_____

Habe ich heute geschimpft/geflucht/mich beschwert?

☐ Nein
☐ Ja

💬

Was habe ich mir heute Gutes getan?
_____
_____
_____
_____

♡

Wofür bin ich in meinem Leben Dankbar?
_____
_____
_____
_____

☾   Datum __ __. __ __. __ __ __ __

☺

Worüber habe ich mich heute ganz besonders gefreut?

_____
_____
_____
_____

☀

Wem habe ich heute etwas Gutes getan/ ein Kompliment gemacht?

_____
_____
_____
_____

Habe ich heute geschimpft/geflucht/mich beschwert?

☐ Nein
☐ Ja

💬

Was habe ich mir heute Gutes getan?
_____
_____
_____
_____

♡

Wofür bin ich in meinem Leben Dankbar?
_____
_____
_____
_____

☾   Datum __ __ . __ __ . __ __ __ __

☺

Worüber habe ich mich heute ganz besonders gefreut?

_____
_____
_____
_____

☼

Wem habe ich heute etwas Gutes getan/ ein Kompliment gemacht?

_____
_____
_____
_____

Habe ich heute geschimpft/geflucht/mich beschwert?

☐ Nein
☐ Ja

Was habe ich mir heute Gutes getan?

_____
_____
_____
_____

Wofür bin ich in meinem Leben Dankbar?

_____
_____
_____
_____

☾   Datum __ __ . __ __ . __ __ __ __

☺

Worüber habe ich mich heute ganz besonders gefreut?

_____
_____
_____
_____

☼

Wem habe ich heute etwas Gutes getan/ ein Kompliment gemacht?

_____
_____
_____
_____

Habe ich heute geschimpft/geflucht/mich beschwert?

☐ Nein
☐ Ja

Was habe ich mir heute Gutes getan?
_____
_____
_____
_____

Wofür bin ich in meinem Leben Dankbar?
_____
_____
_____
_____

☾   Datum __ __. __ __. __ __ __ __

☺

Worüber habe ich mich heute ganz besonders gefreut?

_____
_____
_____
_____

☼

Wem habe ich heute etwas Gutes getan/ ein Kompliment gemacht?

_____
_____
_____
_____

Habe ich heute geschimpft/geflucht/mich beschwert?

☐ Nein
☐ Ja

💬

Was habe ich mir heute Gutes getan?
_____
_____
_____
_____

♡

Wofür bin ich in meinem Leben Dankbar?
_____
_____
_____
_____

Datum __ __. __ __. __ __ __ __

Worüber habe ich mich heute ganz besonders gefreut?

_____
_____
_____
_____

Wem habe ich heute etwas Gutes getan/ ein Kompliment gemacht?

_____
_____
_____
_____

Habe ich heute geschimpft/geflucht/mich beschwert?

☐ Nein
☐ Ja

💬

Was habe ich mir heute Gutes getan?
_____
_____
_____
_____

♡

Wofür bin ich in meinem Leben Dankbar?
_____
_____
_____
_____

Datum __ __. __ __. __ __ __ __

Worüber habe ich mich heute ganz besonders gefreut?
___
___
___
___

Wem habe ich heute etwas Gutes getan/ ein Kompliment gemacht?
___
___
___
___

Habe ich heute geschimpft/geflucht/mich beschwert?

☐   Nein
☐   Ja

💬

Was habe ich mir heute Gutes getan?
_____
_____
_____
_____

♡

Wofür bin ich in meinem Leben Dankbar?
_____
_____
_____
_____

Datum __ __ . __ __ . __ __ __ __

Worüber habe ich mich heute ganz besonders gefreut?

_____
_____
_____
_____

Wem habe ich heute etwas Gutes getan/ ein Kompliment gemacht?

_____
_____
_____
_____

Habe ich heute geschimpft/geflucht/mich beschwert?

☐ Nein
☐ Ja

💬

Was habe ich mir heute Gutes getan?
_____
_____
_____
_____

♡

Wofür bin ich in meinem Leben Dankbar?
_____
_____
_____
_____

Datum __ __. __ __. __ __ __ __

Worüber habe ich mich heute ganz besonders gefreut?

___
___
___
___

Wem habe ich heute etwas Gutes getan/ ein Kompliment gemacht?

___
___
___
___

Habe ich heute geschimpft/geflucht/mich beschwert?

☐ Nein
☐ Ja

💬

Was habe ich mir heute Gutes getan?
_____
_____
_____
_____

♡

Wofür bin ich in meinem Leben Dankbar?
_____
_____
_____
_____

Datum __ __ . __ __ . __ __ __ __

Worüber habe ich mich heute ganz besonders gefreut?

_____
_____
_____
_____

Wem habe ich heute etwas Gutes getan/ ein Kompliment gemacht?

_____
_____
_____
_____

Habe ich heute geschimpft/geflucht/mich beschwert?

☐ Nein
☐ Ja

Was habe ich mir heute Gutes getan?
_____
_____
_____
_____

Wofür bin ich in meinem Leben Dankbar?
_____
_____
_____
_____

Datum __ __. __ __. __ __ __ __

Worüber habe ich mich heute ganz besonders gefreut?

_____
_____
_____
_____

Wem habe ich heute etwas Gutes getan/ ein Kompliment gemacht?

_____
_____
_____
_____

Habe ich heute geschimpft/geflucht/mich beschwert?

☐ Nein
☐ Ja

Was habe ich mir heute Gutes getan?

_____
_____
_____
_____

Wofür bin ich in meinem Leben Dankbar?

_____
_____
_____
_____

☾   Datum __ __. __ __. __ __ __ __

☺

Worüber habe ich mich heute ganz besonders gefreut?

_____
_____
_____
_____

☼

Wem habe ich heute etwas Gutes getan/ ein Kompliment gemacht?

_____
_____
_____
_____

Habe ich heute geschimpft/geflucht/mich beschwert?

☐   Nein
☐   Ja

💬

Was habe ich mir heute Gutes getan?
_____
_____
_____
_____

♡

Wofür bin ich in meinem Leben Dankbar?
_____
_____
_____
_____

☾　　　Datum ＿＿.＿＿.＿＿＿＿

☺

Worüber habe ich mich heute ganz besonders gefreut?

_____
_____
_____
_____

☀

Wem habe ich heute etwas Gutes getan/ ein Kompliment gemacht?

_____
_____
_____
_____

Habe ich heute geschimpft/geflucht/mich beschwert?

☐ Nein

☐ Ja

💬

Was habe ich mir heute Gutes getan?

_____
_____
_____
_____

♡

Wofür bin ich in meinem Leben Dankbar?

_____
_____
_____
_____

☾   Datum __ __ . __ __ . __ __ __ __

☺

Worüber habe ich mich heute ganz besonders gefreut?

_____
_____
_____
_____

☼

Wem habe ich heute etwas Gutes getan/ ein Kompliment gemacht?

_____
_____
_____
_____

Habe ich heute geschimpft/geflucht/mich beschwert?

☐ Nein

☐ Ja

💬

Was habe ich mir heute Gutes getan?

_____
_____
_____
_____

♡

Wofür bin ich in meinem Leben Dankbar?

_____
_____
_____
_____

Datum __ __. __ __. __ __ __ __

Worüber habe ich mich heute ganz besonders gefreut?
_____
_____
_____
_____

Wem habe ich heute etwas Gutes getan/ ein Kompliment gemacht?
_____
_____
_____
_____

Habe ich heute geschimpft/geflucht/mich beschwert?

☐ Nein
☐ Ja

Was habe ich mir heute Gutes getan?
_____
_____
_____
_____

Wofür bin ich in meinem Leben Dankbar?
_____
_____
_____
_____

☾   Datum __ __ . __ __ . __ __ __ __

☺

Worüber habe ich mich heute ganz besonders gefreut?
_____
_____
_____
_____

☀

Wem habe ich heute etwas Gutes getan/ ein Kompliment gemacht?
_____
_____
_____
_____

Habe ich heute geschimpft/geflucht/mich beschwert?

☐ Nein
☐ Ja

Was habe ich mir heute Gutes getan?
_____
_____
_____
_____

Wofür bin ich in meinem Leben Dankbar?
_____
_____
_____
_____

☾   Datum __ __ . __ __ . __ __ __ __

☺

Worüber habe ich mich heute ganz besonders gefreut?

_____
_____
_____
_____

☼

Wem habe ich heute etwas Gutes getan/ ein Kompliment gemacht?

_____
_____
_____
_____

Habe ich heute geschimpft/geflucht/mich beschwert?

☐ Nein
☐ Ja

💬

Was habe ich mir heute Gutes getan?
_____
_____
_____
_____

♡

Wofür bin ich in meinem Leben Dankbar?
_____
_____
_____
_____

☾ Datum __ __ . __ __ . __ __ __ __

☺

Worüber habe ich mich heute ganz besonders gefreut?

_____
_____
_____
_____

☼

Wem habe ich heute etwas Gutes getan/ ein Kompliment gemacht?

_____
_____
_____
_____

Habe ich heute geschimpft/geflucht/mich beschwert?

☐ Nein
☐ Ja

💬

Was habe ich mir heute Gutes getan?

_____
_____
_____
_____

♡

Wofür bin ich in meinem Leben Dankbar?

_____
_____
_____
_____

☾   Datum __ __ . __ __ . __ __ __ __

☺

Worüber habe ich mich heute ganz besonders gefreut?
_____
_____
_____
_____

☼

Wem habe ich heute etwas Gutes getan/ ein Kompliment gemacht?
_____
_____
_____
_____

Habe ich heute geschimpft/geflucht/mich beschwert?

☐ Nein

☐ Ja

💬

Was habe ich mir heute Gutes getan?
_____
_____
_____
_____

♡

Wofür bin ich in meinem Leben Dankbar?
_____
_____
_____
_____

☾   Datum __ __. __ __. __ __ __ __

☺

Worüber habe ich mich heute ganz besonders gefreut?

_____
_____
_____
_____

☼

Wem habe ich heute etwas Gutes getan/ ein Kompliment gemacht?

_____
_____
_____
_____

Habe ich heute geschimpft/geflucht/mich beschwert?

☐ Nein
☐ Ja

◯

Was habe ich mir heute Gutes getan?

_____
_____
_____
_____

♡

Wofür bin ich in meinem Leben Dankbar?

_____
_____
_____
_____

☾　　　Datum __ __. __ __. __ __ __ __

☺

Worüber habe ich mich heute ganz besonders gefreut?

_____
_____
_____
_____

☼

Wem habe ich heute etwas Gutes getan/ ein Kompliment gemacht?

_____
_____
_____
_____

Habe ich heute geschimpft/geflucht/mich beschwert?

☐ Nein
☐ Ja

💬

Was habe ich mir heute Gutes getan?
_____
_____
_____
_____

♡

Wofür bin ich in meinem Leben Dankbar?
_____
_____
_____
_____

☾　　　Datum　__ __. __ __. __ __ __ __

☺

Worüber habe ich mich heute ganz besonders gefreut?

_____
_____
_____
_____

☀

Wem habe ich heute etwas Gutes getan/ ein Kompliment gemacht?

_____
_____
_____
_____

Habe ich heute geschimpft/geflucht/mich beschwert?

☐ Nein
☐ Ja

💬

Was habe ich mir heute Gutes getan?
_____
_____
_____
_____

♡

Wofür bin ich in meinem Leben Dankbar?
_____
_____
_____
_____

☾　　　Datum __ __. __ __. __ __ __ __

☺

Worüber habe ich mich heute ganz besonders gefreut?

_____
_____
_____
_____

☼

Wem habe ich heute etwas Gutes getan/ ein Kompliment gemacht?

_____
_____
_____
_____

Habe ich heute geschimpft/geflucht/mich beschwert?

☐ Nein

☐ Ja

Was habe ich mir heute Gutes getan?
_____
_____
_____
_____

Wofür bin ich in meinem Leben Dankbar?
_____
_____
_____
_____

☾   Datum __ __. __ __. __ __ __ __

☺

Worüber habe ich mich heute ganz besonders gefreut?
_____
_____
_____
_____

☀

Wem habe ich heute etwas Gutes getan/ ein Kompliment gemacht?
_____
_____
_____
_____

Habe ich heute geschimpft/geflucht/mich beschwert?

☐ Nein
☐ Ja

Was habe ich mir heute Gutes getan?

_____
_____
_____
_____

Wofür bin ich in meinem Leben Dankbar?

_____
_____
_____
_____

☾　　　Datum __ __. __ __. __ __ __ __

☺

Worüber habe ich mich heute ganz besonders gefreut?

_____
_____
_____
_____

☼

Wem habe ich heute etwas Gutes getan/ ein Kompliment gemacht?

_____
_____
_____
_____

Habe ich heute geschimpft/geflucht/mich beschwert?

☐ Nein

☐ Ja

💬

Was habe ich mir heute Gutes getan?
_____
_____
_____
_____

♡

Wofür bin ich in meinem Leben Dankbar?
_____
_____
_____
_____

☾   Datum ＿＿.＿＿.＿＿＿＿

☺

Worüber habe ich mich heute ganz besonders gefreut?
_____
_____
_____
_____

☼

Wem habe ich heute etwas Gutes getan/ ein Kompliment gemacht?
_____
_____
_____
_____

Habe ich heute geschimpft/geflucht/mich beschwert?

☐ Nein
☐ Ja

💬

Was habe ich mir heute Gutes getan?
_____
_____
_____
_____

♡

Wofür bin ich in meinem Leben Dankbar?
_____
_____
_____
_____

☾ Datum __ __ . __ __ . __ __ __ __

☺

Worüber habe ich mich heute ganz besonders gefreut?

_____
_____
_____
_____

☼

Wem habe ich heute etwas Gutes getan/ ein Kompliment gemacht?

_____
_____
_____
_____

Habe ich heute geschimpft/geflucht/mich beschwert?

☐ Nein
☐ Ja

💬

Was habe ich mir heute Gutes getan?
_____
_____
_____
_____

♡

Wofür bin ich in meinem Leben Dankbar?
_____
_____
_____
_____

☾　　　Datum　__ __. __ __. __ __ __ __

☺

Worüber habe ich mich heute ganz besonders gefreut?

_____
_____
_____
_____

☼

Wem habe ich heute etwas Gutes getan/ ein Kompliment gemacht?

_____
_____
_____
_____

Habe ich heute geschimpft/geflucht/mich beschwert?

☐ Nein
☐ Ja

Was habe ich mir heute Gutes getan?
_____
_____
_____
_____

Wofür bin ich in meinem Leben Dankbar?
_____
_____
_____
_____

☾   Datum __ __ . __ __ . __ __ __ __

☺

Worüber habe ich mich heute ganz besonders gefreut?

_____
_____
_____
_____

☀

Wem habe ich heute etwas Gutes getan/ ein Kompliment gemacht?

_____
_____
_____
_____

Habe ich heute geschimpft/geflucht/mich beschwert?

☐ Nein
☐ Ja

💬

Was habe ich mir heute Gutes getan?
_____
_____
_____
_____

♡

Wofür bin ich in meinem Leben Dankbar?
_____
_____
_____
_____

☾　　　Datum __ __ . __ __ . __ __ __ __

☺

Worüber habe ich mich heute ganz besonders gefreut?
_____
_____
_____
_____

☼

Wem habe ich heute etwas Gutes getan/ ein Kompliment gemacht?
_____
_____
_____
_____

Habe ich heute geschimpft/geflucht/mich beschwert?

☐ Nein
☐ Ja

💬

Was habe ich mir heute Gutes getan?
_____
_____
_____
_____

♡

Wofür bin ich in meinem Leben Dankbar?
_____
_____
_____
_____

☾   Datum __ __ . __ __ . __ __ __ __

☺

Worüber habe ich mich heute ganz besonders gefreut?

_____
_____
_____
_____

☼

Wem habe ich heute etwas Gutes getan/ ein Kompliment gemacht?

_____
_____
_____
_____

Habe ich heute geschimpft/geflucht/mich beschwert?

☐ Nein
☐ Ja

Was habe ich mir heute Gutes getan?
_____
_____
_____
_____

Wofür bin ich in meinem Leben Dankbar?
_____
_____
_____
_____

☾ Datum __ __ . __ __ . __ __ __ __

☺

Worüber habe ich mich heute ganz besonders gefreut?
_____
_____
_____
_____

☼

Wem habe ich heute etwas Gutes getan/ ein Kompliment gemacht?
_____
_____
_____
_____

Habe ich heute geschimpft/geflucht/mich beschwert?

☐ Nein

☐ Ja

💬

Was habe ich mir heute Gutes getan?
_____
_____
_____
_____

♡

Wofür bin ich in meinem Leben Dankbar?
_____
_____
_____
_____

☾　　　Datum __ __. __ __. __ __ __ __

☺

Worüber habe ich mich heute ganz besonders gefreut?

_____
_____
_____
_____

☀

Wem habe ich heute etwas Gutes getan/ ein Kompliment gemacht?

_____
_____
_____
_____

Habe ich heute geschimpft/geflucht/mich beschwert?

☐ Nein
☐ Ja

Was habe ich mir heute Gutes getan?
_____
_____
_____
_____

Wofür bin ich in meinem Leben Dankbar?
_____
_____
_____
_____

☾ Datum __ __ . __ __ . __ __ __ __

☺

Worüber habe ich mich heute ganz besonders gefreut?

_____
_____
_____
_____

☼

Wem habe ich heute etwas Gutes getan/ ein Kompliment gemacht?

_____
_____
_____
_____

Habe ich heute geschimpft/geflucht/mich beschwert?

☐ Nein
☐ Ja

💬

Was habe ich mir heute Gutes getan?
_____
_____
_____
_____

♡

Wofür bin ich in meinem Leben Dankbar?
_____
_____
_____
_____

☾   Datum __ __ . __ __ . __ __ __ __

☺

Worüber habe ich mich heute ganz besonders gefreut?

_____
_____
_____
_____

☼

Wem habe ich heute etwas Gutes getan/ ein Kompliment gemacht?

_____
_____
_____
_____

Habe ich heute geschimpft/geflucht/mich beschwert?

☐ Nein
☐ Ja

Was habe ich mir heute Gutes getan?

_____
_____
_____
_____

Wofür bin ich in meinem Leben Dankbar?

_____
_____
_____
_____

Datum __ __ . __ __ . __ __ __ __

Worüber habe ich mich heute ganz besonders gefreut?

_____
_____
_____
_____

Wem habe ich heute etwas Gutes getan/ ein Kompliment gemacht?

_____
_____
_____
_____

Habe ich heute geschimpft/geflucht/mich beschwert?

☐ Nein
☐ Ja

Was habe ich mir heute Gutes getan?
_____
_____
_____
_____

Wofür bin ich in meinem Leben Dankbar?
_____
_____
_____
_____

☾   Datum __ __. __ __. __ __ __ __

☺

Worüber habe ich mich heute ganz besonders gefreut?

_____
_____
_____
_____

☼

Wem habe ich heute etwas Gutes getan/ ein Kompliment gemacht?

_____
_____
_____
_____

Habe ich heute geschimpft/geflucht/mich beschwert?

☐ Nein

☐ Ja

💬

Was habe ich mir heute Gutes getan?
_____
_____
_____
_____

♡

Wofür bin ich in meinem Leben Dankbar?
_____
_____
_____
_____

☾ Datum __ __. __ __. __ __ __ __

☺

Worüber habe ich mich heute ganz besonders gefreut?

_____
_____
_____
_____

☼

Wem habe ich heute etwas Gutes getan/ ein Kompliment gemacht?

_____
_____
_____
_____

Habe ich heute geschimpft/geflucht/mich beschwert?

☐ Nein
☐ Ja

Was habe ich mir heute Gutes getan?
_____
_____
_____
_____

Wofür bin ich in meinem Leben Dankbar?
_____
_____
_____
_____

☾   Datum __ __ . __ __ . __ __ __ __

☺

Worüber habe ich mich heute ganz besonders gefreut?

_____
_____
_____
_____

☼

Wem habe ich heute etwas Gutes getan/ ein Kompliment gemacht?

_____
_____
_____
_____

Habe ich heute geschimpft/geflucht/mich beschwert?

☐ Nein
☐ Ja

Was habe ich mir heute Gutes getan?
_____
_____
_____
_____

Wofür bin ich in meinem Leben Dankbar?
_____
_____
_____
_____

☾   Datum __ __. __ __. __ __ __ __

☺

Worüber habe ich mich heute ganz besonders gefreut?

_____
_____
_____
_____

☼

Wem habe ich heute etwas Gutes getan/ ein Kompliment gemacht?

_____
_____
_____
_____

Habe ich heute geschimpft/geflucht/mich beschwert?

☐ Nein
☐ Ja

💬

Was habe ich mir heute Gutes getan?
_____
_____
_____
_____

♡

Wofür bin ich in meinem Leben Dankbar?
_____
_____
_____
_____

☾　　　Datum ＿＿．＿＿．＿＿ ＿＿

☺

Worüber habe ich mich heute ganz besonders gefreut?

_____
_____
_____
_____

☼

Wem habe ich heute etwas Gutes getan/ ein Kompliment gemacht?

_____
_____
_____
_____

Habe ich heute geschimpft/geflucht/mich beschwert?

☐ Nein
☐ Ja

💬

Was habe ich mir heute Gutes getan?
_____
_____
_____
_____

♡

Wofür bin ich in meinem Leben Dankbar?
_____
_____
_____
_____

☾   Datum __ __ . __ __ . __ __ __ __

☺

Worüber habe ich mich heute ganz besonders gefreut?

_____
_____
_____
_____

☼

Wem habe ich heute etwas Gutes getan/ ein Kompliment gemacht?

_____
_____
_____
_____

Habe ich heute geschimpft/geflucht/mich beschwert?

☐ Nein
☐ Ja

Was habe ich mir heute Gutes getan?
_____
_____
_____
_____

Wofür bin ich in meinem Leben Dankbar?
_____
_____
_____
_____

☾　　　Datum　__ __. __ __. __ __ __ __

☺

Worüber habe ich mich heute ganz besonders gefreut?

_____
_____
_____
_____

☀

Wem habe ich heute etwas Gutes getan/ ein Kompliment gemacht?

_____
_____
_____
_____

Habe ich heute geschimpft/geflucht/mich beschwert?

☐ Nein
☐ Ja

💬

Was habe ich mir heute Gutes getan?
_____
_____
_____
_____

♡

Wofür bin ich in meinem Leben Dankbar?
_____
_____
_____
_____

☾   Datum __ __ . __ __ . __ __ __ __

☺

Worüber habe ich mich heute ganz besonders gefreut?

_____
_____
_____
_____

☼

Wem habe ich heute etwas Gutes getan/ ein Kompliment gemacht?

_____
_____
_____
_____

Habe ich heute geschimpft/geflucht/mich beschwert?

☐   Nein
☐   Ja

💬

Was habe ich mir heute Gutes getan?
_____
_____
_____
_____

♡

Wofür bin ich in meinem Leben Dankbar?
_____
_____
_____
_____

☾　　　Datum __ __. __ __. __ __ __ __

☺

Worüber habe ich mich heute ganz besonders gefreut?

_____
_____
_____
_____

☼

Wem habe ich heute etwas Gutes getan/ ein Kompliment gemacht?

_____
_____
_____
_____

Habe ich heute geschimpft/geflucht/mich beschwert?

☐ Nein
☐ Ja

💬

Was habe ich mir heute Gutes getan?
_____
_____
_____
_____

♡

Wofür bin ich in meinem Leben Dankbar?
_____
_____
_____
_____

☾ Datum __ __ . __ __ . __ __ __ __

☺

Worüber habe ich mich heute ganz besonders gefreut?
_____
_____
_____
_____

☀

Wem habe ich heute etwas Gutes getan/ ein Kompliment gemacht?
_____
_____
_____
_____

Habe ich heute geschimpft/geflucht/mich beschwert?

☐ Nein
☐ Ja

💬

Was habe ich mir heute Gutes getan?
_____
_____
_____
_____

♡

Wofür bin ich in meinem Leben Dankbar?
_____
_____
_____
_____

☾   Datum __ __. __ __. __ __ __ __

☺

Worüber habe ich mich heute ganz besonders gefreut?

_____
_____
_____
_____

☼

Wem habe ich heute etwas Gutes getan/ ein Kompliment gemacht?

_____
_____
_____
_____

Habe ich heute geschimpft/geflucht/mich beschwert?

☐ Nein
☐ Ja

Was habe ich mir heute Gutes getan?
_____
_____
_____
_____

Wofür bin ich in meinem Leben Dankbar?
_____
_____
_____
_____

☾   Datum __ __. __ __. __ __ __ __

☺

Worüber habe ich mich heute ganz besonders gefreut?

_____
_____
_____
_____

☼

Wem habe ich heute etwas Gutes getan/ ein Kompliment gemacht?

_____
_____
_____
_____

Habe ich heute geschimpft/geflucht/mich beschwert?

☐ Nein

☐ Ja

Was habe ich mir heute Gutes getan?
_____
_____
_____
_____

Wofür bin ich in meinem Leben Dankbar?
_____
_____
_____
_____

Datum __ __ . __ __ . __ __ __ __

Worüber habe ich mich heute ganz besonders gefreut?

_____
_____
_____
_____

Wem habe ich heute etwas Gutes getan/ ein Kompliment gemacht?

_____
_____
_____
_____

Habe ich heute geschimpft/geflucht/mich beschwert?

☐ Nein

☐ Ja

Was habe ich mir heute Gutes getan?

_____
_____
_____
_____

Wofür bin ich in meinem Leben Dankbar?

_____
_____
_____
_____

☾   Datum __ __ . __ __ . __ __ __ __

☺

Worüber habe ich mich heute ganz besonders gefreut?

_____
_____
_____
_____

☀

Wem habe ich heute etwas Gutes getan/ ein Kompliment gemacht?

_____
_____
_____
_____

Habe ich heute geschimpft/geflucht/mich beschwert?

☐ Nein
☐ Ja

💬

Was habe ich mir heute Gutes getan?
_____
_____
_____
_____

♡

Wofür bin ich in meinem Leben Dankbar?
_____
_____
_____
_____

☾　　　Datum __ __ . __ __ . __ __ __ __

☺

Worüber habe ich mich heute ganz besonders gefreut?

_____
_____
_____
_____

☀

Wem habe ich heute etwas Gutes getan/ ein Kompliment gemacht?

_____
_____
_____
_____

Habe ich heute geschimpft/geflucht/mich beschwert?

☐ Nein
☐ Ja

💬

Was habe ich mir heute Gutes getan?
_____
_____
_____
_____

♡

Wofür bin ich in meinem Leben Dankbar?
_____
_____
_____
_____

Datum __ __ . __ __ . __ __ __ __

Worüber habe ich mich heute ganz besonders gefreut?

_____
_____
_____
_____

Wem habe ich heute etwas Gutes getan/ ein Kompliment gemacht?

_____
_____
_____
_____

Habe ich heute geschimpft/geflucht/mich beschwert?

☐ Nein
☐ Ja

Was habe ich mir heute Gutes getan?
_____
_____
_____
_____

Wofür bin ich in meinem Leben Dankbar?
_____
_____
_____
_____

Datum __ __ . __ __ . __ __ __ __

Worüber habe ich mich heute ganz besonders gefreut?

_____
_____
_____
_____

Wem habe ich heute etwas Gutes getan/ ein Kompliment gemacht?

_____
_____
_____
_____

Habe ich heute geschimpft/geflucht/mich beschwert?

☐ Nein

☐ Ja

💬

Was habe ich mir heute Gutes getan?

_____
_____
_____
_____

♡

Wofür bin ich in meinem Leben Dankbar?

_____
_____
_____
_____

☾   Datum __ __ . __ __ . __ __ __ __

☺

Worüber habe ich mich heute ganz besonders gefreut?

_____
_____
_____
_____

☼

Wem habe ich heute etwas Gutes getan/ ein Kompliment gemacht?

_____
_____
_____
_____

Habe ich heute geschimpft/geflucht/mich beschwert?

☐ Nein
☐ Ja

💬

Was habe ich mir heute Gutes getan?
_____
_____
_____
_____

♡

Wofür bin ich in meinem Leben Dankbar?
_____
_____
_____
_____

Datum ___.___._____

Worüber habe ich mich heute ganz besonders gefreut?
_____
_____
_____
_____

Wem habe ich heute etwas Gutes getan/ ein Kompliment gemacht?
_____
_____
_____
_____

Habe ich heute geschimpft/geflucht/mich beschwert?

☐ Nein
☐ Ja

💬

Was habe ich mir heute Gutes getan?
_____
_____
_____
_____

♡

Wofür bin ich in meinem Leben Dankbar?
_____
_____
_____
_____

☾   Datum __ __. __ __. __ __ __ __

☺

Worüber habe ich mich heute ganz besonders gefreut?

_____
_____
_____
_____

☀

Wem habe ich heute etwas Gutes getan/ ein Kompliment gemacht?

_____
_____
_____
_____

Habe ich heute geschimpft/geflucht/mich beschwert?

☐ Nein
☐ Ja

Was habe ich mir heute Gutes getan?

_____
_____
_____
_____

Wofür bin ich in meinem Leben Dankbar?

_____
_____
_____
_____

☾　　　Datum __ __. __ __. __ __ __ __

☺

Worüber habe ich mich heute ganz besonders gefreut?

_____
_____
_____
_____

☼

Wem habe ich heute etwas Gutes getan/ ein Kompliment gemacht?

_____
_____
_____
_____

Habe ich heute geschimpft/geflucht/mich beschwert?

☐   Nein
☐   Ja

Was habe ich mir heute Gutes getan?
_____
_____
_____
_____

Wofür bin ich in meinem Leben Dankbar?
_____
_____
_____
_____

☾   Datum __ __ . __ __ . __ __ __ __

☺

Worüber habe ich mich heute ganz besonders gefreut?

_____
_____
_____
_____

☼

Wem habe ich heute etwas Gutes getan/ ein Kompliment gemacht?

_____
_____
_____
_____

Habe ich heute geschimpft/geflucht/mich beschwert?

☐ Nein
☐ Ja

💬

Was habe ich mir heute Gutes getan?
_____
_____
_____
_____

♡

Wofür bin ich in meinem Leben Dankbar?
_____
_____
_____
_____

☾   Datum __ __ . __ __ . __ __ __ __

☺

Worüber habe ich mich heute ganz besonders gefreut?

_____
_____
_____
_____

☼

Wem habe ich heute etwas Gutes getan/ ein Kompliment gemacht?

_____
_____
_____
_____

Habe ich heute geschimpft/geflucht/mich beschwert?

☐ Nein
☐ Ja

Was habe ich mir heute Gutes getan?
_____
_____
_____
_____

Wofür bin ich in meinem Leben Dankbar?
_____
_____
_____
_____

☾   Datum __ __. __ __. __ __ __ __

☺

Worüber habe ich mich heute ganz besonders gefreut?

_____
_____
_____
_____

☀

Wem habe ich heute etwas Gutes getan/ ein Kompliment gemacht?

_____
_____
_____
_____

Habe ich heute geschimpft/geflucht/mich beschwert?

☐ Nein

☐ Ja

💬

Was habe ich mir heute Gutes getan?
_____
_____
_____
_____

♡

Wofür bin ich in meinem Leben Dankbar?
_____
_____
_____
_____

☾   Datum __ __. __ __. __ __ __ __

☺

Worüber habe ich mich heute ganz besonders gefreut?

_____
_____
_____
_____

☼

Wem habe ich heute etwas Gutes getan/ ein Kompliment gemacht?

_____
_____
_____
_____

Habe ich heute geschimpft/geflucht/mich beschwert?

☐ Nein
☐ Ja

💬

Was habe ich mir heute Gutes getan?
_____
_____
_____
_____

♡

Wofür bin ich in meinem Leben Dankbar?
_____
_____
_____
_____

☾   Datum __ __ . __ __ . __ __ __ __

☺

Worüber habe ich mich heute ganz besonders gefreut?

_____
_____
_____
_____

☀

Wem habe ich heute etwas Gutes getan/ ein Kompliment gemacht?

_____
_____
_____
_____

Habe ich heute geschimpft/geflucht/mich beschwert?

☐ Nein

☐ Ja

💬

Was habe ich mir heute Gutes getan?

_____
_____
_____
_____

♡

Wofür bin ich in meinem Leben Dankbar?

_____
_____
_____
_____

☾   Datum __ __. __ __. __ __ __ __

☺

Worüber habe ich mich heute ganz besonders gefreut?

_____
_____
_____
_____

☀

Wem habe ich heute etwas Gutes getan/ ein Kompliment gemacht?

_____
_____
_____
_____

Habe ich heute geschimpft/geflucht/mich beschwert?

☐ Nein
☐ Ja

💬

Was habe ich mir heute Gutes getan?
_____
_____
_____
_____

♡

Wofür bin ich in meinem Leben Dankbar?
_____
_____
_____
_____

☾   Datum __ __ . __ __ . __ __ __ __

☺

Worüber habe ich mich heute ganz besonders gefreut?

_____
_____
_____
_____

☼

Wem habe ich heute etwas Gutes getan/ ein Kompliment gemacht?

_____
_____
_____
_____

Habe ich heute geschimpft/geflucht/mich beschwert?

☐ Nein
☐ Ja

💬

Was habe ich mir heute Gutes getan?
_____
_____
_____
_____

♡

Wofür bin ich in meinem Leben Dankbar?
_____
_____
_____
_____

☾   Datum __ __. __ __. __ __ __ __

☺

Worüber habe ich mich heute ganz besonders gefreut?

_____
_____
_____
_____

☀

Wem habe ich heute etwas Gutes getan/ ein Kompliment gemacht?

_____
_____
_____
_____

Habe ich heute geschimpft/geflucht/mich beschwert?

☐   Nein
☐   Ja

💬

Was habe ich mir heute Gutes getan?
_____
_____
_____
_____

♡

Wofür bin ich in meinem Leben Dankbar?
_____
_____
_____
_____

☾ Datum __ __. __ __. __ __ __ __

☺

Worüber habe ich mich heute ganz besonders gefreut?

___
___
___
___

☀

Wem habe ich heute etwas Gutes getan/ ein Kompliment gemacht?

___
___
___
___

Habe ich heute geschimpft/geflucht/mich beschwert?

☐ Nein
☐ Ja

💬

Was habe ich mir heute Gutes getan?
_____
_____
_____
_____

♡

Wofür bin ich in meinem Leben Dankbar?
_____
_____
_____
_____

☾   Datum __ __ . __ __ . __ __ __ __

☺

Worüber habe ich mich heute ganz besonders gefreut?

_____
_____
_____
_____

☼

Wem habe ich heute etwas Gutes getan/ ein Kompliment gemacht?

_____
_____
_____
_____

Habe ich heute geschimpft/geflucht/mich beschwert?

☐ Nein
☐ Ja

💬

Was habe ich mir heute Gutes getan?
_____
_____
_____
_____

♡

Wofür bin ich in meinem Leben Dankbar?
_____
_____
_____
_____

☾   Datum __ __ . __ __ . __ __ __ __

☺

Worüber habe ich mich heute ganz besonders gefreut?

_____
_____
_____
_____

☼

Wem habe ich heute etwas Gutes getan/ ein Kompliment gemacht?

_____
_____
_____
_____

Habe ich heute geschimpft/geflucht/mich beschwert?

☐ Nein
☐ Ja

💬

Was habe ich mir heute Gutes getan?
_____
_____
_____
_____

♡

Wofür bin ich in meinem Leben Dankbar?
_____
_____
_____
_____

☾ Datum __ __ . __ __ . __ __ __ __

☺

Worüber habe ich mich heute ganz besonders gefreut?
_____
_____
_____
_____

☀

Wem habe ich heute etwas Gutes getan/ ein Kompliment gemacht?
_____
_____
_____
_____

Habe ich heute geschimpft/geflucht/mich beschwert?

☐ Nein
☐ Ja

Was habe ich mir heute Gutes getan?
_____
_____
_____
_____

Wofür bin ich in meinem Leben Dankbar?
_____
_____
_____
_____

☾ Datum __ __ . __ __ . __ __ __ __

☺

Worüber habe ich mich heute ganz besonders gefreut?

_____
_____
_____
_____

☼

Wem habe ich heute etwas Gutes getan/ ein Kompliment gemacht?

_____
_____
_____
_____

Habe ich heute geschimpft/geflucht/mich beschwert?

☐ Nein

☐ Ja

Was habe ich mir heute Gutes getan?
_____
_____
_____
_____

Wofür bin ich in meinem Leben Dankbar?
_____
_____
_____
_____

☾   Datum __ __. __ __. __ __ __ __

☺

Worüber habe ich mich heute ganz besonders gefreut?

_____
_____
_____
_____

☼

Wem habe ich heute etwas Gutes getan/ ein Kompliment gemacht?

_____
_____
_____
_____

Habe ich heute geschimpft/geflucht/mich beschwert?

☐ Nein
☐ Ja

💬

Was habe ich mir heute Gutes getan?
_____
_____
_____
_____

♡

Wofür bin ich in meinem Leben Dankbar?
_____
_____
_____
_____

Datum __ __. __ __. __ __ __ __

Worüber habe ich mich heute ganz besonders gefreut?

_____
_____
_____
_____

Wem habe ich heute etwas Gutes getan/ ein Kompliment gemacht?

_____
_____
_____
_____

Habe ich heute geschimpft/geflucht/mich beschwert?

☐ Nein
☐ Ja

Was habe ich mir heute Gutes getan?
_____
_____
_____
_____

Wofür bin ich in meinem Leben Dankbar?
_____
_____
_____
_____

☾　　　　Datum __ __. __ __. __ __ __ __

☺

Worüber habe ich mich heute ganz besonders gefreut?

_____
_____
_____
_____

☼

Wem habe ich heute etwas Gutes getan/ ein Kompliment gemacht?

_____
_____
_____
_____

Habe ich heute geschimpft/geflucht/mich beschwert?

☐ Nein
☐ Ja

Was habe ich mir heute Gutes getan?
_____
_____
_____
_____

Wofür bin ich in meinem Leben Dankbar?
_____
_____
_____
_____

☾   Datum __ __. __ __. __ __ __ __

☺

Worüber habe ich mich heute ganz besonders gefreut?

_____
_____
_____
_____

☀

Wem habe ich heute etwas Gutes getan/ ein Kompliment gemacht?

_____
_____
_____
_____

Habe ich heute geschimpft/geflucht/mich beschwert?

☐ Nein
☐ Ja

💬

Was habe ich mir heute Gutes getan?
_____
_____
_____
_____

♡

Wofür bin ich in meinem Leben Dankbar?
_____
_____
_____
_____

☾   Datum __ __. __ __. __ __ __ __

☺

Worüber habe ich mich heute ganz besonders gefreut?

_____
_____
_____
_____

☼

Wem habe ich heute etwas Gutes getan/ ein Kompliment gemacht?

_____
_____
_____
_____

Habe ich heute geschimpft/geflucht/mich beschwert?

☐ Nein
☐ Ja

Was habe ich mir heute Gutes getan?
_____
_____
_____
_____

Wofür bin ich in meinem Leben Dankbar?
_____
_____
_____
_____

☾   Datum __ __. __ __. __ __ __ __

☺

Worüber habe ich mich heute ganz besonders gefreut?

_____
_____
_____
_____

☼

Wem habe ich heute etwas Gutes getan/ ein Kompliment gemacht?

_____
_____
_____
_____

Habe ich heute geschimpft/geflucht/mich beschwert?

☐ Nein
☐ Ja

◯

Was habe ich mir heute Gutes getan?
_____
_____
_____
_____

♡

Wofür bin ich in meinem Leben Dankbar?
_____
_____
_____
_____

Datum __ __. __ __. __ __ __ __

Worüber habe ich mich heute ganz besonders gefreut?

_____
_____
_____
_____

Wem habe ich heute etwas Gutes getan/ ein Kompliment gemacht?

_____
_____
_____
_____

Habe ich heute geschimpft/geflucht/mich beschwert?

☐ Nein
☐ Ja

💬

Was habe ich mir heute Gutes getan?
_____
_____
_____
_____

♡

Wofür bin ich in meinem Leben Dankbar?
_____
_____
_____
_____

☾   Datum __ __. __ __. __ __ __ __

☺

Worüber habe ich mich heute ganz besonders gefreut?
_____
_____
_____
_____

☼

Wem habe ich heute etwas Gutes getan/ ein Kompliment gemacht?
_____
_____
_____
_____

Habe ich heute geschimpft/geflucht/mich beschwert?

☐ Nein
☐ Ja

💬

Was habe ich mir heute Gutes getan?
_____
_____
_____
_____

♡

Wofür bin ich in meinem Leben Dankbar?
_____
_____
_____
_____

☾   Datum __ __. __ __. __ __ __ __

☺

Worüber habe ich mich heute ganz besonders gefreut?

_____
_____
_____
_____

☼

Wem habe ich heute etwas Gutes getan/ ein Kompliment gemacht?

_____
_____
_____
_____

Habe ich heute geschimpft/geflucht/mich beschwert?

☐ Nein
☐ Ja

Was habe ich mir heute Gutes getan?
_____
_____
_____
_____

Wofür bin ich in meinem Leben Dankbar?
_____
_____
_____
_____

☾ Datum __ __. __ __. __ __ __ __

☺

Worüber habe ich mich heute ganz besonders gefreut?

_____
_____
_____
_____

☀

Wem habe ich heute etwas Gutes getan/ ein Kompliment gemacht?

_____
_____
_____
_____

Habe ich heute geschimpft/geflucht/mich beschwert?

☐ Nein
☐ Ja

💬

Was habe ich mir heute Gutes getan?
_____
_____
_____
_____

♡

Wofür bin ich in meinem Leben Dankbar?
_____
_____
_____
_____

☾   Datum __ __ . __ __ . __ __ __ __

☺

Worüber habe ich mich heute ganz besonders gefreut?
_____
_____
_____
_____

☀

Wem habe ich heute etwas Gutes getan/ ein Kompliment gemacht?
_____
_____
_____
_____

Habe ich heute geschimpft/geflucht/mich beschwert?

☐ Nein
☐ Ja

Was habe ich mir heute Gutes getan?
_____
_____
_____
_____

Wofür bin ich in meinem Leben Dankbar?
_____
_____
_____
_____

☾   Datum __ __ . __ __ . __ __ __ __

☺

Worüber habe ich mich heute ganz besonders gefreut?

_____
_____
_____
_____

☼

Wem habe ich heute etwas Gutes getan/ ein Kompliment gemacht?

_____
_____
_____
_____

Habe ich heute geschimpft/geflucht/mich beschwert?

☐ Nein
☐ Ja

Was habe ich mir heute Gutes getan?
_____
_____
_____
_____

Wofür bin ich in meinem Leben Dankbar?
_____
_____
_____
_____

Datum __ __. __ __. __ __ __ __

Worüber habe ich mich heute ganz besonders gefreut?

_____
_____
_____
_____

Wem habe ich heute etwas Gutes getan/ ein Kompliment gemacht?

_____
_____
_____
_____

Habe ich heute geschimpft/geflucht/mich beschwert?

☐ Nein
☐ Ja

Was habe ich mir heute Gutes getan?
_____
_____
_____
_____

Wofür bin ich in meinem Leben Dankbar?
_____
_____
_____
_____

☾　　　Datum　__ __ . __ __ . __ __ __ __

☺

Worüber habe ich mich heute ganz besonders gefreut?

_____
_____
_____
_____

☼

Wem habe ich heute etwas Gutes getan/ ein Kompliment gemacht?

_____
_____
_____
_____

Habe ich heute geschimpft/geflucht/mich beschwert?

☐ Nein
☐ Ja

Was habe ich mir heute Gutes getan?
_____
_____
_____
_____

Wofür bin ich in meinem Leben Dankbar?
_____
_____
_____
_____

☾   Datum __ __. __ __. __ __ __ __

☺

Worüber habe ich mich heute ganz besonders gefreut?

_____
_____
_____
_____

☀

Wem habe ich heute etwas Gutes getan/ ein Kompliment gemacht?

_____
_____
_____
_____

Habe ich heute geschimpft/geflucht/mich beschwert?

☐ Nein
☐ Ja

Was habe ich mir heute Gutes getan?
_____
_____
_____
_____

Wofür bin ich in meinem Leben Dankbar?
_____
_____
_____
_____

☾ Datum __ __. __ __. __ __ __ __

☺

Worüber habe ich mich heute ganz besonders gefreut?
_____
_____
_____
_____

☼

Wem habe ich heute etwas Gutes getan/ ein Kompliment gemacht?
_____
_____
_____
_____

Habe ich heute geschimpft/geflucht/mich beschwert?

☐ Nein
☐ Ja

Was habe ich mir heute Gutes getan?
_____
_____
_____
_____

Wofür bin ich in meinem Leben Dankbar?
_____
_____
_____
_____

☾   Datum __ __ . __ __ . __ __ __ __

☺

Worüber habe ich mich heute ganz besonders gefreut?

_____
_____
_____
_____

☼

Wem habe ich heute etwas Gutes getan/ ein Kompliment gemacht?

_____
_____
_____
_____

Habe ich heute geschimpft/geflucht/mich beschwert?

☐ Nein

☐ Ja

💬

Was habe ich mir heute Gutes getan?
_____
_____
_____
_____

♡

Wofür bin ich in meinem Leben Dankbar?
_____
_____
_____
_____

☾ Datum __ __ . __ __ . __ __ __ __

☺

Worüber habe ich mich heute ganz besonders gefreut?
_____
_____
_____
_____

☼

Wem habe ich heute etwas Gutes getan/ ein Kompliment gemacht?
_____
_____
_____
_____

Habe ich heute geschimpft/geflucht/mich beschwert?

☐ Nein
☐ Ja

💬

Was habe ich mir heute Gutes getan?
_____
_____
_____
_____

♡

Wofür bin ich in meinem Leben Dankbar?
_____
_____
_____
_____

☾   Datum __ __ . __ __ . __ __ __ __

☺

Worüber habe ich mich heute ganz besonders gefreut?

_____
_____
_____
_____

☀

Wem habe ich heute etwas Gutes getan/ ein Kompliment gemacht?

_____
_____
_____
_____

Habe ich heute geschimpft/geflucht/mich beschwert?

☐ Nein
☐ Ja

💬

Was habe ich mir heute Gutes getan?
_____
_____
_____
_____

♡

Wofür bin ich in meinem Leben Dankbar?
_____
_____
_____
_____

☾   Datum __ __. __ __. __ __ __ __

☺

Worüber habe ich mich heute ganz besonders gefreut?

_____
_____
_____
_____

☼

Wem habe ich heute etwas Gutes getan/ ein Kompliment gemacht?

_____
_____
_____
_____

Habe ich heute geschimpft/geflucht/mich beschwert?

☐ Nein
☐ Ja

Was habe ich mir heute Gutes getan?
_____
_____
_____
_____

Wofür bin ich in meinem Leben Dankbar?
_____
_____
_____
_____

☾　　　Datum __ __. __ __. __ __ __ __

☺

Worüber habe ich mich heute ganz besonders gefreut?

_____
_____
_____
_____

☀

Wem habe ich heute etwas Gutes getan/ ein Kompliment gemacht?

_____
_____
_____
_____

Habe ich heute geschimpft/geflucht/mich beschwert?

☐ Nein
☐ Ja

Was habe ich mir heute Gutes getan?
_____
_____
_____
_____

Wofür bin ich in meinem Leben Dankbar?
_____
_____
_____
_____

☾   Datum __ __. __ __. __ __ __ __

☺

Worüber habe ich mich heute ganz besonders gefreut?

_____
_____
_____
_____

☀

Wem habe ich heute etwas Gutes getan/ ein Kompliment gemacht?

_____
_____
_____
_____

Habe ich heute geschimpft/geflucht/mich beschwert?

☐   Nein
☐   Ja

💬

Was habe ich mir heute Gutes getan?
_____
_____
_____
_____

♡

Wofür bin ich in meinem Leben Dankbar?
_____
_____
_____
_____

☾　　　Datum __ __. __ __. __ __ __ __

☺

Worüber habe ich mich heute ganz besonders gefreut?

_____
_____
_____
_____

☀

Wem habe ich heute etwas Gutes getan/ ein Kompliment gemacht?

_____
_____
_____
_____

Habe ich heute geschimpft/geflucht/mich beschwert?

☐ Nein
☐ Ja

💬

Was habe ich mir heute Gutes getan?
_____
_____
_____
_____

♡

Wofür bin ich in meinem Leben Dankbar?
_____
_____
_____
_____

☾ Datum __ __ . __ __ . __ __ __ __

☺

Worüber habe ich mich heute ganz besonders gefreut?
_____
_____
_____
_____

☼

Wem habe ich heute etwas Gutes getan/ ein Kompliment gemacht?
_____
_____
_____
_____

Habe ich heute geschimpft/geflucht/mich beschwert?

☐ Nein
☐ Ja

💬

Was habe ich mir heute Gutes getan?
_____
_____
_____
_____

♡

Wofür bin ich in meinem Leben Dankbar?
_____
_____
_____
_____

Datum __ __. __ __. __ __ __ __

Worüber habe ich mich heute ganz besonders gefreut?

_____
_____
_____
_____

Wem habe ich heute etwas Gutes getan/ ein Kompliment gemacht?

_____
_____
_____
_____

Habe ich heute geschimpft/geflucht/mich beschwert?

☐ Nein
☐ Ja

💬

Was habe ich mir heute Gutes getan?
_____
_____
_____
_____

♡

Wofür bin ich in meinem Leben Dankbar?
_____
_____
_____
_____

☾   Datum __ __. __ __. __ __ __ __

☺

Worüber habe ich mich heute ganz besonders gefreut?
_____
_____
_____
_____

☼

Wem habe ich heute etwas Gutes getan/ ein Kompliment gemacht?
_____
_____
_____
_____

Habe ich heute geschimpft/geflucht/mich beschwert?

☐ Nein
☐ Ja

Was habe ich mir heute Gutes getan?
_____
_____
_____
_____

Wofür bin ich in meinem Leben Dankbar?
_____
_____
_____
_____

☾   Datum __ __. __ __. __ __ __ __

☺

Worüber habe ich mich heute ganz besonders gefreut?
_____
_____
_____
_____

☼

Wem habe ich heute etwas Gutes getan/ ein Kompliment gemacht?
_____
_____
_____
_____

Habe ich heute geschimpft/geflucht/mich beschwert?

☐ Nein
☐ Ja

Was habe ich mir heute Gutes getan?
_____
_____
_____
_____

Wofür bin ich in meinem Leben Dankbar?
_____
_____
_____
_____

☾   Datum __ __. __ __. __ __ __ __

☺

Worüber habe ich mich heute ganz besonders gefreut?

_____
_____
_____
_____

☼

Wem habe ich heute etwas Gutes getan/ ein Kompliment gemacht?

_____
_____
_____
_____

Habe ich heute geschimpft/geflucht/mich beschwert?

☐ Nein
☐ Ja

💬

Was habe ich mir heute Gutes getan?
_____
_____
_____
_____

♡

Wofür bin ich in meinem Leben Dankbar?
_____
_____
_____
_____

☾　　　Datum ＿＿.＿＿.＿＿＿＿

☺

Worüber habe ich mich heute ganz besonders gefreut?

_____
_____
_____
_____

☀

Wem habe ich heute etwas Gutes getan/ ein Kompliment gemacht?

_____
_____
_____
_____

Habe ich heute geschimpft/geflucht/mich beschwert?

☐ Nein
☐ Ja

Was habe ich mir heute Gutes getan?
_____
_____
_____
_____

Wofür bin ich in meinem Leben Dankbar?
_____
_____
_____
_____

☾   Datum __ __. __ __. __ __ __ __

☺

Worüber habe ich mich heute ganz besonders gefreut?

_____
_____
_____
_____

☼

Wem habe ich heute etwas Gutes getan/ ein Kompliment gemacht?

_____
_____
_____
_____

Habe ich heute geschimpft/geflucht/mich beschwert?

☐ Nein

☐ Ja

Was habe ich mir heute Gutes getan?
___
___
___
___

Wofür bin ich in meinem Leben Dankbar?
___
___
___
___

☾ Datum __ __ . __ __ . __ __ __ __

☺

Worüber habe ich mich heute ganz besonders gefreut?

_____
_____
_____
_____

☀

Wem habe ich heute etwas Gutes getan/ ein Kompliment gemacht?

_____
_____
_____
_____

Habe ich heute geschimpft/geflucht/mich beschwert?

☐ Nein
☐ Ja

Was habe ich mir heute Gutes getan?
_____
_____
_____
_____

Wofür bin ich in meinem Leben Dankbar?
_____
_____
_____
_____

☽   Datum __ __ . __ __ . __ __ __ __

☺

Worüber habe ich mich heute ganz besonders gefreut?

_____
_____
_____
_____

☀

Wem habe ich heute etwas Gutes getan/ ein Kompliment gemacht?

_____
_____
_____
_____

Habe ich heute geschimpft/geflucht/mich beschwert?

☐ Nein
☐ Ja

Was habe ich mir heute Gutes getan?
_____
_____
_____
_____

Wofür bin ich in meinem Leben Dankbar?
_____
_____
_____
_____

☾ Datum __ __ . __ __ . __ __ __ __

☺

Worüber habe ich mich heute ganz besonders gefreut?

_____
_____
_____
_____

☼

Wem habe ich heute etwas Gutes getan/ ein Kompliment gemacht?

_____
_____
_____
_____

Habe ich heute geschimpft/geflucht/mich beschwert?

☐ Nein
☐ Ja

💬

Was habe ich mir heute Gutes getan?
_____
_____
_____
_____

♡

Wofür bin ich in meinem Leben Dankbar?
_____
_____
_____
_____

☾　　　Datum ＿＿．＿＿．＿＿＿＿

☺

Worüber habe ich mich heute ganz besonders gefreut?

_____
_____
_____
_____

☀

Wem habe ich heute etwas Gutes getan/ ein Kompliment gemacht?

_____
_____
_____
_____

Habe ich heute geschimpft/geflucht/mich beschwert?

☐ Nein
☐ Ja

💬

Was habe ich mir heute Gutes getan?
_____
_____
_____
_____

♡

Wofür bin ich in meinem Leben Dankbar?
_____
_____
_____
_____

☾   Datum __ __. __ __. __ __ __ __

☺

Worüber habe ich mich heute ganz besonders gefreut?

_____
_____
_____
_____

☼

Wem habe ich heute etwas Gutes getan/ ein Kompliment gemacht?

_____
_____
_____
_____

Habe ich heute geschimpft/geflucht/mich beschwert?

☐ Nein
☐ Ja

Was habe ich mir heute Gutes getan?
_____
_____
_____
_____

Wofür bin ich in meinem Leben Dankbar?
_____
_____
_____
_____

☾   Datum __ __. __ __. __ __ __ __

☺

Worüber habe ich mich heute ganz besonders gefreut?

_____
_____
_____
_____

☼

Wem habe ich heute etwas Gutes getan/ ein Kompliment gemacht?

_____
_____
_____
_____

Habe ich heute geschimpft/geflucht/mich beschwert?

☐ Nein
☐ Ja

💬

Was habe ich mir heute Gutes getan?
_____
_____
_____
_____

♡

Wofür bin ich in meinem Leben Dankbar?
_____
_____
_____
_____

☾   Datum __ __ . __ __ . __ __ __ __

☺

Worüber habe ich mich heute ganz besonders gefreut?

_____
_____
_____
_____

☼

Wem habe ich heute etwas Gutes getan/ ein Kompliment gemacht?

_____
_____
_____
_____

Habe ich heute geschimpft/geflucht/mich beschwert?

☐ Nein
☐ Ja

💬

Was habe ich mir heute Gutes getan?
_____
_____
_____
_____

♡

Wofür bin ich in meinem Leben Dankbar?
_____
_____
_____
_____

☾ Datum __ __ . __ __ . __ __ __ __

☺

Worüber habe ich mich heute ganz besonders gefreut?

_____
_____
_____
_____

☀

Wem habe ich heute etwas Gutes getan/ ein Kompliment gemacht?

_____
_____
_____
_____

Habe ich heute geschimpft/geflucht/mich beschwert?

☐ Nein
☐ Ja

💬

Was habe ich mir heute Gutes getan?
_____
_____
_____
_____

♡

Wofür bin ich in meinem Leben Dankbar?
_____
_____
_____
_____

☾　　　Datum __ __. __ __. __ __ __ __

☺

Worüber habe ich mich heute ganz besonders gefreut?

_____
_____
_____
_____

☼

Wem habe ich heute etwas Gutes getan/ ein Kompliment gemacht?

_____
_____
_____
_____

Habe ich heute geschimpft/geflucht/mich beschwert?

☐ Nein
☐ Ja

💬

Was habe ich mir heute Gutes getan?
_____
_____
_____
_____

♡

Wofür bin ich in meinem Leben Dankbar?
_____
_____
_____
_____

☾   Datum __ __. __ __. __ __ __ __

☺

Worüber habe ich mich heute ganz besonders gefreut?

_____
_____
_____
_____

☼

Wem habe ich heute etwas Gutes getan/ ein Kompliment gemacht?

_____
_____
_____
_____

Habe ich heute geschimpft/geflucht/mich beschwert?

☐ Nein
☐ Ja

Was habe ich mir heute Gutes getan?
_____
_____
_____
_____

Wofür bin ich in meinem Leben Dankbar?
_____
_____
_____
_____

☾   Datum __ __. __ __. __ __ __ __

☺

Worüber habe ich mich heute ganz besonders gefreut?

_____
_____
_____
_____

☀

Wem habe ich heute etwas Gutes getan/ ein Kompliment gemacht?

_____
_____
_____
_____

Habe ich heute geschimpft/geflucht/mich beschwert?

☐ Nein
☐ Ja

💬

Was habe ich mir heute Gutes getan?
_____
_____
_____
_____

♡

Wofür bin ich in meinem Leben Dankbar?
_____
_____
_____
_____

☾ Datum __ __. __ __. __ __ __ __

☺

Worüber habe ich mich heute ganz besonders gefreut?

_____
_____
_____
_____

☼

Wem habe ich heute etwas Gutes getan/ ein Kompliment gemacht?

_____
_____
_____
_____

Habe ich heute geschimpft/geflucht/mich beschwert?

☐ Nein
☐ Ja

💬

Was habe ich mir heute Gutes getan?
_____
_____
_____
_____

♡

Wofür bin ich in meinem Leben Dankbar?
_____
_____
_____
_____

☾　　　Datum __ __. __ __. __ __ __ __

☺

Worüber habe ich mich heute ganz besonders gefreut?

_____
_____
_____
_____

☀

Wem habe ich heute etwas Gutes getan/ ein Kompliment gemacht?

_____
_____
_____
_____

Habe ich heute geschimpft/geflucht/mich beschwert?

☐ Nein
☐ Ja

💬

Was habe ich mir heute Gutes getan?
_____
_____
_____
_____

♡

Wofür bin ich in meinem Leben Dankbar?
_____
_____
_____
_____

☾   Datum __ __. __ __. __ __ __ __

☺

Worüber habe ich mich heute ganz besonders gefreut?

_____
_____
_____
_____

☀

Wem habe ich heute etwas Gutes getan/ ein Kompliment gemacht?

_____
_____
_____
_____

Habe ich heute geschimpft/geflucht/mich beschwert?

☐ Nein
☐ Ja

💬

Was habe ich mir heute Gutes getan?
_____
_____
_____
_____

♡

Wofür bin ich in meinem Leben Dankbar?
_____
_____
_____
_____

☾　　　Datum __ __ . __ __ . __ __ __ __

☺

Worüber habe ich mich heute ganz besonders gefreut?

_____
_____
_____
_____

☼

Wem habe ich heute etwas Gutes getan/ ein Kompliment gemacht?

_____
_____
_____
_____

Habe ich heute geschimpft/geflucht/mich beschwert?

☐ Nein
☐ Ja

Was habe ich mir heute Gutes getan?
_____
_____
_____
_____

Wofür bin ich in meinem Leben Dankbar?
_____
_____
_____
_____

☾   Datum __ __. __ __. __ __ __ __

☺

Worüber habe ich mich heute ganz besonders gefreut?

_____
_____
_____
_____

☀

Wem habe ich heute etwas Gutes getan/ ein Kompliment gemacht?

_____
_____
_____
_____

Habe ich heute geschimpft/geflucht/mich beschwert?

☐   Nein
☐   Ja

💬

Was habe ich mir heute Gutes getan?
_____
_____
_____
_____

♡

Wofür bin ich in meinem Leben Dankbar?
_____
_____
_____
_____

☾   Datum __ __. __ __. __ __ __ __

☺

Worüber habe ich mich heute ganz besonders gefreut?

_____
_____
_____
_____

☼

Wem habe ich heute etwas Gutes getan/ ein Kompliment gemacht?

_____
_____
_____
_____

Habe ich heute geschimpft/geflucht/mich beschwert?

☐ Nein
☐ Ja

Was habe ich mir heute Gutes getan?
_____
_____
_____
_____

Wofür bin ich in meinem Leben Dankbar?
_____
_____
_____
_____

☾   Datum __ __ . __ __ . __ __ __ __

☺

Worüber habe ich mich heute ganz besonders gefreut?

_____
_____
_____
_____

☼

Wem habe ich heute etwas Gutes getan/ ein Kompliment gemacht?

_____
_____
_____
_____

Habe ich heute geschimpft/geflucht/mich beschwert?

☐ Nein
☐ Ja

💬

Was habe ich mir heute Gutes getan?
_____
_____
_____
_____

♡

Wofür bin ich in meinem Leben Dankbar?
_____
_____
_____
_____

Datum __ __. __ __. __ __ __ __

Worüber habe ich mich heute ganz besonders gefreut?

_____
_____
_____
_____

Wem habe ich heute etwas Gutes getan/ ein Kompliment gemacht?

_____
_____
_____
_____

Habe ich heute geschimpft/geflucht/mich beschwert?

☐ Nein
☐ Ja

Was habe ich mir heute Gutes getan?

_____
_____
_____
_____

Wofür bin ich in meinem Leben Dankbar?

_____
_____
_____
_____

Datum __ __. __ __. __ __ __ __

Worüber habe ich mich heute ganz besonders gefreut?

_____
_____
_____
_____

Wem habe ich heute etwas Gutes getan/ ein Kompliment gemacht?

_____
_____
_____
_____

Habe ich heute geschimpft/geflucht/mich beschwert?

☐ Nein
☐ Ja

Was habe ich mir heute Gutes getan?
_____
_____
_____
_____

Wofür bin ich in meinem Leben Dankbar?
_____
_____
_____
_____

Datum ___.___.___ ___

Worüber habe ich mich heute ganz besonders gefreut?

_____
_____
_____
_____

Wem habe ich heute etwas Gutes getan/ ein Kompliment gemacht?

_____
_____
_____
_____

Habe ich heute geschimpft/geflucht/mich beschwert?

☐ Nein
☐ Ja

💬

Was habe ich mir heute Gutes getan?
___
___
___
___

♡

Wofür bin ich in meinem Leben Dankbar?
___
___
___
___

☾   Datum __ __ . __ __ . __ __ __ __

☺

Worüber habe ich mich heute ganz besonders gefreut?

_____
_____
_____
_____

☼

Wem habe ich heute etwas Gutes getan/ ein Kompliment gemacht?

_____
_____
_____
_____

Habe ich heute geschimpft/geflucht/mich beschwert?

☐ Nein
☐ Ja

Was habe ich mir heute Gutes getan?
_____
_____
_____
_____

Wofür bin ich in meinem Leben Dankbar?
_____
_____
_____
_____

☾   Datum __ __ . __ __ . __ __ __ __

☺

Worüber habe ich mich heute ganz besonders gefreut?

_____
_____
_____
_____

☀

Wem habe ich heute etwas Gutes getan/ ein Kompliment gemacht?

_____
_____
_____
_____

Habe ich heute geschimpft/geflucht/mich beschwert?

☐ Nein
☐ Ja

Was habe ich mir heute Gutes getan?
_____
_____
_____
_____

Wofür bin ich in meinem Leben Dankbar?
_____
_____
_____
_____

☾   Datum __ __. __ __. __ __ __ __

☺

Worüber habe ich mich heute ganz besonders gefreut?

_____
_____
_____
_____

☼

Wem habe ich heute etwas Gutes getan/ ein Kompliment gemacht?

_____
_____
_____
_____

Habe ich heute geschimpft/geflucht/mich beschwert?

☐ Nein
☐ Ja

Was habe ich mir heute Gutes getan?
_____
_____
_____
_____

Wofür bin ich in meinem Leben Dankbar?
_____
_____
_____
_____

☾   Datum __ __ . __ __ . __ __ __ __

☺

Worüber habe ich mich heute ganz besonders gefreut?

_____
_____
_____
_____

☼

Wem habe ich heute etwas Gutes getan/ ein Kompliment gemacht?

_____
_____
_____
_____

Habe ich heute geschimpft/geflucht/mich beschwert?

☐ Nein
☐ Ja

💬

Was habe ich mir heute Gutes getan?
_____
_____
_____
_____

♡

Wofür bin ich in meinem Leben Dankbar?
_____
_____
_____
_____

☾ Datum __ __. __ __. __ __ __ __

☺

Worüber habe ich mich heute ganz besonders gefreut?

_____
_____
_____
_____

☼

Wem habe ich heute etwas Gutes getan/ ein Kompliment gemacht?

_____
_____
_____
_____

Habe ich heute geschimpft/geflucht/mich beschwert?

☐ Nein
☐ Ja

💬

Was habe ich mir heute Gutes getan?
_____
_____
_____
_____

♡

Wofür bin ich in meinem Leben Dankbar?
_____
_____
_____
_____

☾   Datum __ __ . __ __ . __ __ __ __

☺

Worüber habe ich mich heute ganz besonders gefreut?

_____
_____
_____
_____

☼

Wem habe ich heute etwas Gutes getan/ ein Kompliment gemacht?

_____
_____
_____
_____

Habe ich heute geschimpft/geflucht/mich beschwert?

☐ Nein
☐ Ja

💬

Was habe ich mir heute Gutes getan?
_____
_____
_____
_____

♡

Wofür bin ich in meinem Leben Dankbar?
_____
_____
_____
_____

☾   Datum __ __. __ __. __ __ __ __

☺

Worüber habe ich mich heute ganz besonders gefreut?

_____
_____
_____
_____

☀

Wem habe ich heute etwas Gutes getan/ ein Kompliment gemacht?

_____
_____
_____
_____

Habe ich heute geschimpft/geflucht/mich beschwert?

☐ Nein
☐ Ja

Was habe ich mir heute Gutes getan?
_____
_____
_____
_____

Wofür bin ich in meinem Leben Dankbar?
_____
_____
_____
_____

☾   Datum __ __. __ __. __ __ __ __

☺

Worüber habe ich mich heute ganz besonders gefreut?

_____
_____
_____
_____

☀

Wem habe ich heute etwas Gutes getan/ ein Kompliment gemacht?

_____
_____
_____
_____

Habe ich heute geschimpft/geflucht/mich beschwert?

☐ Nein

☐ Ja

Was habe ich mir heute Gutes getan?
_____
_____
_____
_____

Wofür bin ich in meinem Leben Dankbar?
_____
_____
_____
_____

☾   Datum __ __ . __ __ . __ __ __ __

☺

Worüber habe ich mich heute ganz besonders gefreut?

_____
_____
_____
_____

☼

Wem habe ich heute etwas Gutes getan/ ein Kompliment gemacht?

_____
_____
_____
_____

Habe ich heute geschimpft/geflucht/mich beschwert?

☐ Nein
☐ Ja

💬

Was habe ich mir heute Gutes getan?
_____
_____
_____
_____

♡

Wofür bin ich in meinem Leben Dankbar?
_____
_____
_____
_____

☾   Datum __ __ . __ __ . __ __ __ __

☺

Worüber habe ich mich heute ganz besonders gefreut?

_____
_____
_____
_____

☀

Wem habe ich heute etwas Gutes getan/ ein Kompliment gemacht?

_____
_____
_____
_____

Habe ich heute geschimpft/geflucht/mich beschwert?

☐ Nein
☐ Ja

💬

Was habe ich mir heute Gutes getan?
_____
_____
_____
_____

♡

Wofür bin ich in meinem Leben Dankbar?
_____
_____
_____
_____

Datum __ __ . __ __ . __ __ __ __

Worüber habe ich mich heute ganz besonders gefreut?
___
___
___
___

Wem habe ich heute etwas Gutes getan/ ein Kompliment gemacht?
___
___
___
___

Habe ich heute geschimpft/geflucht/mich beschwert?

☐ Nein
☐ Ja

Was habe ich mir heute Gutes getan?
___
___
___
___

Wofür bin ich in meinem Leben Dankbar?
___
___
___
___

☾   Datum __ __ . __ __ . __ __ __ __

☺

Worüber habe ich mich heute ganz besonders gefreut?

_____
_____
_____
_____

☼

Wem habe ich heute etwas Gutes getan/ ein Kompliment gemacht?

_____
_____
_____
_____

Habe ich heute geschimpft/geflucht/mich beschwert?

☐ Nein
☐ Ja

💬

Was habe ich mir heute Gutes getan?
_____
_____
_____
_____

♡

Wofür bin ich in meinem Leben Dankbar?
_____
_____
_____
_____

☾   Datum __ __. __ __. __ __ __ __

☺

Worüber habe ich mich heute ganz besonders gefreut?

_____
_____
_____
_____

☀

Wem habe ich heute etwas Gutes getan/ ein Kompliment gemacht?

_____
_____
_____
_____

Habe ich heute geschimpft/geflucht/mich beschwert?

☐ Nein
☐ Ja

💬

Was habe ich mir heute Gutes getan?
_____
_____
_____
_____

♡

Wofür bin ich in meinem Leben Dankbar?
_____
_____
_____
_____

☾   Datum __ __. __ __. __ __ __ __

☺

Worüber habe ich mich heute ganz besonders gefreut?

_____
_____
_____
_____

☼

Wem habe ich heute etwas Gutes getan/ ein Kompliment gemacht?

_____
_____
_____
_____

Habe ich heute geschimpft/geflucht/mich beschwert?

☐ Nein
☐ Ja

Was habe ich mir heute Gutes getan?
_____
_____
_____
_____

Wofür bin ich in meinem Leben Dankbar?
_____
_____
_____
_____

☾   Datum __ __ . __ __ . __ __ __ __

☺

Worüber habe ich mich heute ganz besonders gefreut?

_____
_____
_____
_____

☀

Wem habe ich heute etwas Gutes getan/ ein Kompliment gemacht?

_____
_____
_____
_____

Habe ich heute geschimpft/geflucht/mich beschwert?

☐ Nein
☐ Ja

💬

Was habe ich mir heute Gutes getan?
_____
_____
_____
_____

♡

Wofür bin ich in meinem Leben Dankbar?
_____
_____
_____
_____

☾　　Datum ＿＿.＿＿.＿＿＿＿

☺

Worüber habe ich mich heute ganz besonders gefreut?

_____
_____
_____
_____

☼

Wem habe ich heute etwas Gutes getan/ ein Kompliment gemacht?

_____
_____
_____
_____

Habe ich heute geschimpft/geflucht/mich beschwert?

☐ Nein
☐ Ja

💬

Was habe ich mir heute Gutes getan?
_____
_____
_____
_____

♡

Wofür bin ich in meinem Leben Dankbar?
_____
_____
_____
_____

☾   Datum __ __. __ __. __ __ __ __

☺

Worüber habe ich mich heute ganz besonders gefreut?

_____
_____
_____
_____

☼

Wem habe ich heute etwas Gutes getan/ ein Kompliment gemacht?

_____
_____
_____
_____

Habe ich heute geschimpft/geflucht/mich beschwert?

☐ Nein
☐ Ja

💬

Was habe ich mir heute Gutes getan?
_____
_____
_____
_____

♡

Wofür bin ich in meinem Leben Dankbar?
_____
_____
_____
_____

☾   Datum __ __. __ __. __ __ __ __

☺

Worüber habe ich mich heute ganz besonders gefreut?

_____
_____
_____
_____

☀

Wem habe ich heute etwas Gutes getan/ ein Kompliment gemacht?

_____
_____
_____
_____

Habe ich heute geschimpft/geflucht/mich beschwert?

☐ Nein
☐ Ja

💬

Was habe ich mir heute Gutes getan?
_____
_____
_____
_____

♡

Wofür bin ich in meinem Leben Dankbar?
_____
_____
_____
_____

Datum __ __. __ __. __ __ __ __

Worüber habe ich mich heute ganz besonders gefreut?

_____
_____
_____
_____

Wem habe ich heute etwas Gutes getan/ ein Kompliment gemacht?

_____
_____
_____
_____

Habe ich heute geschimpft/geflucht/mich beschwert?

☐ Nein
☐ Ja

Was habe ich mir heute Gutes getan?
_____
_____
_____
_____

Wofür bin ich in meinem Leben Dankbar?
_____
_____
_____
_____

☾   Datum __ __ . __ __ . __ __ __ __

☺

Worüber habe ich mich heute ganz besonders gefreut?

_____
_____
_____

☼

Wem habe ich heute etwas Gutes getan/ ein Kompliment gemacht?

_____
_____
_____

Habe ich heute geschimpft/geflucht/mich beschwert?

☐ Nein
☐ Ja

💬

Was habe ich mir heute Gutes getan?
_____
_____
_____
_____

♡

Wofür bin ich in meinem Leben Dankbar?
_____
_____
_____
_____

☾　　　Datum　__ __. __ __. __ __ __ __

☺

Worüber habe ich mich heute ganz besonders gefreut?

_____
_____
_____
_____

☼

Wem habe ich heute etwas Gutes getan/ ein Kompliment gemacht?

_____
_____
_____
_____

Habe ich heute geschimpft/geflucht/mich beschwert?

☐ Nein
☐ Ja

Was habe ich mir heute Gutes getan?
_____
_____
_____
_____

Wofür bin ich in meinem Leben Dankbar?
_____
_____
_____
_____

☾   Datum __ __. __ __. __ __ __ __

☺

Worüber habe ich mich heute ganz besonders gefreut?

_____
_____
_____
_____

☀

Wem habe ich heute etwas Gutes getan/ ein Kompliment gemacht?

_____
_____
_____
_____

Habe ich heute geschimpft/geflucht/mich beschwert?

☐ Nein
☐ Ja

💬

Was habe ich mir heute Gutes getan?
___
___
___
___

♡

Wofür bin ich in meinem Leben Dankbar?
___
___
___
___

☾   Datum __ __. __ __. __ __ __ __

☺

Worüber habe ich mich heute ganz besonders gefreut?

_____
_____
_____
_____

☼

Wem habe ich heute etwas Gutes getan/ ein Kompliment gemacht?

_____
_____
_____
_____

Habe ich heute geschimpft/geflucht/mich beschwert?

☐ Nein
☐ Ja

💬

Was habe ich mir heute Gutes getan?
_____
_____
_____
_____

♡

Wofür bin ich in meinem Leben Dankbar?
_____
_____
_____
_____

☾   Datum __ __ . __ __ . __ __ __ __

☺

Worüber habe ich mich heute ganz besonders gefreut?

_____
_____
_____
_____

☀

Wem habe ich heute etwas Gutes getan/ ein Kompliment gemacht?

_____
_____
_____
_____

Habe ich heute geschimpft/geflucht/mich beschwert?

☐ Nein
☐ Ja

Was habe ich mir heute Gutes getan?

_____
_____
_____
_____

Wofür bin ich in meinem Leben Dankbar?

_____
_____
_____
_____

☾　　　Datum　__ __. __ __. __ __ __ __

☺

Worüber habe ich mich heute ganz besonders gefreut?

_____
_____
_____
_____

☼

Wem habe ich heute etwas Gutes getan/ ein Kompliment gemacht?

_____
_____
_____
_____

Habe ich heute geschimpft/geflucht/mich beschwert?

☐ Nein
☐ Ja

Was habe ich mir heute Gutes getan?
_____
_____
_____
_____

Wofür bin ich in meinem Leben Dankbar?
_____
_____
_____
_____

☾   Datum __ __ . __ __ . __ __ __ __

☺

Worüber habe ich mich heute ganz besonders gefreut?

_____
_____
_____
_____

☀

Wem habe ich heute etwas Gutes getan/ ein Kompliment gemacht?

_____
_____
_____
_____

Habe ich heute geschimpft/geflucht/mich beschwert?

☐ Nein
☐ Ja

Was habe ich mir heute Gutes getan?
_____
_____
_____
_____

Wofür bin ich in meinem Leben Dankbar?
_____
_____
_____
_____

Datum __ __. __ __. __ __ __ __

Worüber habe ich mich heute ganz besonders gefreut?

_____
_____
_____
_____

Wem habe ich heute etwas Gutes getan/ ein Kompliment gemacht?

_____
_____
_____
_____

Habe ich heute geschimpft/geflucht/mich beschwert?

☐ Nein
☐ Ja

💬

Was habe ich mir heute Gutes getan?
_____
_____
_____
_____

♡

Wofür bin ich in meinem Leben Dankbar?
_____
_____
_____
_____

☾　　Datum ＿＿．＿＿．＿＿ ＿＿

☺

Worüber habe ich mich heute ganz besonders gefreut?

_____
_____
_____
_____

☼

Wem habe ich heute etwas Gutes getan/ ein Kompliment gemacht?

_____
_____
_____
_____

Habe ich heute geschimpft/geflucht/mich beschwert?

☐ Nein
☐ Ja

💬

Was habe ich mir heute Gutes getan?
_____
_____
_____
_____

♡

Wofür bin ich in meinem Leben Dankbar?
_____
_____
_____
_____

☾ Datum __ __ . __ __ . __ __ __ __

☺

Worüber habe ich mich heute ganz besonders gefreut?

_____
_____
_____
_____

☀

Wem habe ich heute etwas Gutes getan/ ein Kompliment gemacht?

_____
_____
_____
_____

Habe ich heute geschimpft/geflucht/mich beschwert?

☐ Nein
☐ Ja

💬

Was habe ich mir heute Gutes getan?
_____
_____
_____
_____

♡

Wofür bin ich in meinem Leben Dankbar?
_____
_____
_____
_____

☾   Datum __ __. __ __. __ __ __ __

☺

Worüber habe ich mich heute ganz besonders gefreut?

_____
_____
_____
_____

☀

Wem habe ich heute etwas Gutes getan/ ein Kompliment gemacht?

_____
_____
_____
_____

Habe ich heute geschimpft/geflucht/mich beschwert?

☐ Nein
☐ Ja

💬

Was habe ich mir heute Gutes getan?
_____
_____
_____
_____

♡

Wofür bin ich in meinem Leben Dankbar?
_____
_____
_____
_____

☾   Datum __ __ . __ __ . __ __ __ __

☺

Worüber habe ich mich heute ganz besonders gefreut?

_____
_____
_____
_____

☼

Wem habe ich heute etwas Gutes getan/ ein Kompliment gemacht?

_____
_____
_____
_____

Habe ich heute geschimpft/geflucht/mich beschwert?

☐ Nein
☐ Ja

💬

Was habe ich mir heute Gutes getan?

_____
_____
_____
_____

♡

Wofür bin ich in meinem Leben Dankbar?

_____
_____
_____
_____

☾   Datum __ __ . __ __ . __ __ __ __

☺

Worüber habe ich mich heute ganz besonders gefreut?
_____
_____
_____
_____

☼

Wem habe ich heute etwas Gutes getan/ ein Kompliment gemacht?
_____
_____
_____
_____

Habe ich heute geschimpft/geflucht/mich beschwert?

☐ Nein
☐ Ja

Was habe ich mir heute Gutes getan?
_____
_____
_____
_____

Wofür bin ich in meinem Leben Dankbar?
_____
_____
_____
_____

☾   Datum __ __. __ __. __ __ __ __

☺

Worüber habe ich mich heute ganz besonders gefreut?

_____
_____
_____
_____

☼

Wem habe ich heute etwas Gutes getan/ ein Kompliment gemacht?

_____
_____
_____
_____

Habe ich heute geschimpft/geflucht/mich beschwert?

☐ Nein
☐ Ja

💬

Was habe ich mir heute Gutes getan?
_____
_____
_____
_____

♡

Wofür bin ich in meinem Leben Dankbar?
_____
_____
_____
_____

☾   Datum __ __. __ __. __ __ __ __

☺

Worüber habe ich mich heute ganz besonders gefreut?

_____
_____
_____
_____

☀

Wem habe ich heute etwas Gutes getan/ ein Kompliment gemacht?

_____
_____
_____
_____

Habe ich heute geschimpft/geflucht/mich beschwert?

☐ Nein
☐ Ja

Was habe ich mir heute Gutes getan?
_____
_____
_____
_____

Wofür bin ich in meinem Leben Dankbar?
_____
_____
_____
_____

☾   Datum __ __. __ __. __ __ __ __

☺

Worüber habe ich mich heute ganz besonders gefreut?

_____
_____
_____
_____

☀

Wem habe ich heute etwas Gutes getan/ ein Kompliment gemacht?

_____
_____
_____
_____

Habe ich heute geschimpft/geflucht/mich beschwert?

☐ Nein
☐ Ja

💬

Was habe ich mir heute Gutes getan?
_____
_____
_____
_____

♡

Wofür bin ich in meinem Leben Dankbar?
_____
_____
_____
_____

Datum __ __. __ __. __ __ __ __

Worüber habe ich mich heute ganz besonders gefreut?

_____
_____
_____
_____

Wem habe ich heute etwas Gutes getan/ ein Kompliment gemacht?

_____
_____
_____
_____

Habe ich heute geschimpft/geflucht/mich beschwert?

☐ Nein
☐ Ja

💬

Was habe ich mir heute Gutes getan?
_____
_____
_____
_____

♡

Wofür bin ich in meinem Leben Dankbar?
_____
_____
_____
_____

☾ Datum __ __. __ __. __ __ __ __

☺

Worüber habe ich mich heute ganz besonders gefreut?
___
___
___
___

☀

Wem habe ich heute etwas Gutes getan/ ein Kompliment gemacht?
___
___
___
___

Habe ich heute geschimpft/geflucht/mich beschwert?

☐ Nein
☐ Ja

Was habe ich mir heute Gutes getan?
_____
_____
_____
_____

Wofür bin ich in meinem Leben Dankbar?
_____
_____
_____
_____

☾ Datum __ __ . __ __ . __ __ __ __

☺

Worüber habe ich mich heute ganz besonders gefreut?

_____
_____
_____
_____

☼

Wem habe ich heute etwas Gutes getan/ ein Kompliment gemacht?

_____
_____
_____
_____

Habe ich heute geschimpft/geflucht/mich beschwert?

☐ Nein
☐ Ja

Was habe ich mir heute Gutes getan?
_____
_____
_____
_____

Wofür bin ich in meinem Leben Dankbar?
_____
_____
_____
_____

☾   Datum __ __ . __ __ . __ __ __ __

☺

Worüber habe ich mich heute ganz besonders gefreut?

_____
_____
_____
_____

☀

Wem habe ich heute etwas Gutes getan/ ein Kompliment gemacht?

_____
_____
_____
_____

Habe ich heute geschimpft/geflucht/mich beschwert?

☐ Nein

☐ Ja

Was habe ich mir heute Gutes getan?

_____
_____
_____
_____

Wofür bin ich in meinem Leben Dankbar?

_____
_____
_____
_____

Datum __ __. __ __. __ __ __ __

Worüber habe ich mich heute ganz besonders gefreut?

_____
_____
_____
_____

Wem habe ich heute etwas Gutes getan/ ein Kompliment gemacht?

_____
_____
_____
_____

Habe ich heute geschimpft/geflucht/mich beschwert?

☐ Nein
☐ Ja

Was habe ich mir heute Gutes getan?
_____
_____
_____
_____

Wofür bin ich in meinem Leben Dankbar?
_____
_____
_____
_____

☾ Datum __ __ . __ __ . __ __ __ __

☺

Worüber habe ich mich heute ganz besonders gefreut?

_____
_____
_____
_____

☀

Wem habe ich heute etwas Gutes getan/ ein Kompliment gemacht?

_____
_____
_____
_____

Habe ich heute geschimpft/geflucht/mich beschwert?

☐ Nein
☐ Ja

💬

Was habe ich mir heute Gutes getan?
_____
_____
_____
_____

♡

Wofür bin ich in meinem Leben Dankbar?
_____
_____
_____
_____

☾   Datum __ __. __ __. __ __ __ __

☺

Worüber habe ich mich heute ganz besonders gefreut?

_____
_____
_____
_____

☀

Wem habe ich heute etwas Gutes getan/ ein Kompliment gemacht?

_____
_____
_____
_____

Habe ich heute geschimpft/geflucht/mich beschwert?

☐ Nein
☐ Ja

Was habe ich mir heute Gutes getan?
_____
_____
_____
_____

Wofür bin ich in meinem Leben Dankbar?
_____
_____
_____
_____

☾   Datum ___.___._____

☺

Worüber habe ich mich heute ganz besonders gefreut?

_____
_____
_____
_____

☼

Wem habe ich heute etwas Gutes getan/ ein Kompliment gemacht?

_____
_____
_____
_____

Habe ich heute geschimpft/geflucht/mich beschwert?

☐ Nein
☐ Ja

💬

Was habe ich mir heute Gutes getan?
_____
_____
_____
_____

♡

Wofür bin ich in meinem Leben Dankbar?
_____
_____
_____
_____

☾　　　　Datum　__ __. __ __. __ __ __ __

☺

Worüber habe ich mich heute ganz besonders gefreut?

_____
_____
_____
_____

☼

Wem habe ich heute etwas Gutes getan/ ein Kompliment gemacht?

_____
_____
_____
_____

Habe ich heute geschimpft/geflucht/mich beschwert?

☐ Nein
☐ Ja

💬

Was habe ich mir heute Gutes getan?
_____
_____
_____
_____

♡

Wofür bin ich in meinem Leben Dankbar?
_____
_____
_____
_____

☾　　　Datum　__ __. __ __. __ __ __ __

☺

Worüber habe ich mich heute ganz besonders gefreut?

_____
_____
_____
_____

☼

Wem habe ich heute etwas Gutes getan/ ein Kompliment gemacht?

_____
_____
_____
_____

Habe ich heute geschimpft/geflucht/mich beschwert?

☐ Nein
☐ Ja

Was habe ich mir heute Gutes getan?
_____
_____
_____
_____

Wofür bin ich in meinem Leben Dankbar?
_____
_____
_____
_____

☽   Datum __ __ . __ __ . __ __ __ __

☺

Worüber habe ich mich heute ganz besonders gefreut?

_____
_____
_____
_____

☼

Wem habe ich heute etwas Gutes getan/ ein Kompliment gemacht?

_____
_____
_____
_____

Habe ich heute geschimpft/geflucht/mich beschwert?

☐ Nein
☐ Ja

Was habe ich mir heute Gutes getan?
_____
_____
_____
_____

Wofür bin ich in meinem Leben Dankbar?
_____
_____
_____
_____

☾   Datum __ __. __ __. __ __ __ __

☺

Worüber habe ich mich heute ganz besonders gefreut?

_____
_____
_____
_____

☀

Wem habe ich heute etwas Gutes getan/ ein Kompliment gemacht?

_____
_____
_____
_____

Habe ich heute geschimpft/geflucht/mich beschwert?

☐ Nein
☐ Ja

💬

Was habe ich mir heute Gutes getan?
_____
_____
_____
_____

♡

Wofür bin ich in meinem Leben Dankbar?
_____
_____
_____
_____

☾   Datum __ __ . __ __ . __ __ __ __

☺

Worüber habe ich mich heute ganz besonders gefreut?

_____
_____
_____
_____

☼

Wem habe ich heute etwas Gutes getan/ ein Kompliment gemacht?

_____
_____
_____
_____

Habe ich heute geschimpft/geflucht/mich beschwert?

☐ Nein
☐ Ja

Was habe ich mir heute Gutes getan?
_____
_____
_____
_____

Wofür bin ich in meinem Leben Dankbar?
_____
_____
_____
_____

Datum __ __. __ __. __ __ __ __

Worüber habe ich mich heute ganz besonders gefreut?

_____
_____
_____
_____

Wem habe ich heute etwas Gutes getan/ ein Kompliment gemacht?

_____
_____
_____
_____

Habe ich heute geschimpft/geflucht/mich beschwert?

☐   Nein
☐   Ja

Was habe ich mir heute Gutes getan?
_____
_____
_____
_____

Wofür bin ich in meinem Leben Dankbar?
_____
_____
_____
_____

☾   Datum __ __ . __ __ . __ __ __ __

☺

Worüber habe ich mich heute ganz besonders gefreut?

_____
_____
_____
_____

☼

Wem habe ich heute etwas Gutes getan/ ein Kompliment gemacht?

_____
_____
_____
_____

Habe ich heute geschimpft/geflucht/mich beschwert?

☐ Nein
☐ Ja

Was habe ich mir heute Gutes getan?
_____
_____
_____
_____

Wofür bin ich in meinem Leben Dankbar?
_____
_____
_____
_____

☾　　　Datum __ __. __ __. __ __ __ __

☺

Worüber habe ich mich heute ganz besonders gefreut?

_____
_____
_____
_____

☀

Wem habe ich heute etwas Gutes getan/ ein Kompliment gemacht?

_____
_____
_____
_____

Habe ich heute geschimpft/geflucht/mich beschwert?

☐ Nein
☐ Ja

Was habe ich mir heute Gutes getan?
_____
_____
_____
_____

Wofür bin ich in meinem Leben Dankbar?
_____
_____
_____
_____

☾   Datum __ __. __ __. __ __ __ __

☺

Worüber habe ich mich heute ganz besonders gefreut?

_____
_____
_____
_____

☼

Wem habe ich heute etwas Gutes getan/ ein Kompliment gemacht?

_____
_____
_____
_____

Habe ich heute geschimpft/geflucht/mich beschwert?

☐ Nein
☐ Ja

Was habe ich mir heute Gutes getan?
_____
_____
_____
_____

Wofür bin ich in meinem Leben Dankbar?
_____
_____
_____
_____

☾   Datum __ __ . __ __ . __ __ __ __

☺

Worüber habe ich mich heute ganz besonders gefreut?

_____
_____
_____
_____

☼

Wem habe ich heute etwas Gutes getan/ ein Kompliment gemacht?

_____
_____
_____
_____

Habe ich heute geschimpft/geflucht/mich beschwert?

☐ Nein
☐ Ja

💬

Was habe ich mir heute Gutes getan?
_____
_____
_____
_____

♡

Wofür bin ich in meinem Leben Dankbar?
_____
_____
_____
_____

☾   Datum __ __. __ __. __ __ __ __

☺

Worüber habe ich mich heute ganz besonders gefreut?

_____
_____
_____
_____

☼

Wem habe ich heute etwas Gutes getan/ ein Kompliment gemacht?

_____
_____
_____
_____

Habe ich heute geschimpft/geflucht/mich beschwert?

☐ Nein
☐ Ja

Was habe ich mir heute Gutes getan?
_____
_____
_____
_____

Wofür bin ich in meinem Leben Dankbar?
_____
_____
_____
_____

☾   Datum __ __ . __ __ . __ __ __ __

☺

Worüber habe ich mich heute ganz besonders gefreut?

_____
_____
_____
_____

☼

Wem habe ich heute etwas Gutes getan/ ein Kompliment gemacht?

_____
_____
_____
_____

Habe ich heute geschimpft/geflucht/mich beschwert?

☐ Nein
☐ Ja

Was habe ich mir heute Gutes getan?
_____
_____
_____
_____

Wofür bin ich in meinem Leben Dankbar?
_____
_____
_____
_____

☾   Datum __ __ . __ __ . __ __ __ __

☺

Worüber habe ich mich heute ganz besonders gefreut?

_____
_____
_____
_____

☼

Wem habe ich heute etwas Gutes getan/ ein Kompliment gemacht?

_____
_____
_____
_____

Habe ich heute geschimpft/geflucht/mich beschwert?

☐ Nein
☐ Ja

💬

Was habe ich mir heute Gutes getan?
_____
_____
_____
_____

♡

Wofür bin ich in meinem Leben Dankbar?
_____
_____
_____
_____

☾ Datum __ __ . __ __ . __ __ __ __

☺

Worüber habe ich mich heute ganz besonders gefreut?

_____
_____
_____
_____

☀

Wem habe ich heute etwas Gutes getan/ ein Kompliment gemacht?

_____
_____
_____
_____

Habe ich heute geschimpft/geflucht/mich beschwert?

☐ Nein
☐ Ja

Was habe ich mir heute Gutes getan?
___
___
___
___

Wofür bin ich in meinem Leben Dankbar?
___
___
___
___

☾ Datum __ __. __ __. __ __ __ __

☺

Worüber habe ich mich heute ganz besonders gefreut?

_____
_____
_____
_____

☼

Wem habe ich heute etwas Gutes getan/ ein Kompliment gemacht?

_____
_____
_____
_____

Habe ich heute geschimpft/geflucht/mich beschwert?

☐ Nein
☐ Ja

Was habe ich mir heute Gutes getan?
_____
_____
_____
_____

Wofür bin ich in meinem Leben Dankbar?
_____
_____
_____
_____

Datum __ __. __ __. __ __ __ __

Worüber habe ich mich heute ganz besonders gefreut?

_____
_____
_____
_____

Wem habe ich heute etwas Gutes getan/ ein Kompliment gemacht?

_____
_____
_____
_____

Habe ich heute geschimpft/geflucht/mich beschwert?

☐ Nein
☐ Ja

💬

Was habe ich mir heute Gutes getan?
_____
_____
_____
_____

♡

Wofür bin ich in meinem Leben Dankbar?
_____
_____
_____
_____

☾   Datum __ __ . __ __ . __ __ __ __

☺

Worüber habe ich mich heute ganz besonders gefreut?

_____
_____
_____
_____

☼

Wem habe ich heute etwas Gutes getan/ ein Kompliment gemacht?

_____
_____
_____
_____

Habe ich heute geschimpft/geflucht/mich beschwert?

☐ Nein
☐ Ja

Was habe ich mir heute Gutes getan?
_____
_____
_____
_____

Wofür bin ich in meinem Leben Dankbar?
_____
_____
_____
_____

☾　　Datum __ __. __ __. __ __ __ __

☺

Worüber habe ich mich heute ganz besonders gefreut?

_____
_____
_____
_____

☼

Wem habe ich heute etwas Gutes getan/ ein Kompliment gemacht?

_____
_____
_____
_____

Habe ich heute geschimpft/geflucht/mich beschwert?

☐ Nein
☐ Ja

Was habe ich mir heute Gutes getan?
_____
_____
_____
_____

Wofür bin ich in meinem Leben Dankbar?
_____
_____
_____
_____

☾   Datum __ __ . __ __ . __ __ __ __

☺

Worüber habe ich mich heute ganz besonders gefreut?

_____
_____
_____
_____

☼

Wem habe ich heute etwas Gutes getan/ ein Kompliment gemacht?

_____
_____
_____
_____

Habe ich heute geschimpft/geflucht/mich beschwert?

☐ Nein
☐ Ja

💬

Was habe ich mir heute Gutes getan?
_____
_____
_____
_____

♡

Wofür bin ich in meinem Leben Dankbar?
_____
_____
_____
_____

☾   Datum __ __ . __ __ . __ __ __ __

☺

Worüber habe ich mich heute ganz besonders gefreut?

_____
_____
_____
_____

☼

Wem habe ich heute etwas Gutes getan/ ein Kompliment gemacht?

_____
_____
_____
_____

Habe ich heute geschimpft/geflucht/mich beschwert?

☐ Nein
☐ Ja

Was habe ich mir heute Gutes getan?
_____
_____
_____
_____

Wofür bin ich in meinem Leben Dankbar?
_____
_____
_____
_____

Schlusswort

Und wenn du jetzt noch mehr willst, dann sei es dir Wert und sichere dir, deine Gratis-Glück-Session im Wert von 250€

Dein Gespräch für Deine weiteren Schritte ins Glück! Ich freue mich auf Dich!

Deine Angela

Haftungsausschluss

Die Inhalte dieses Buches wurden mit größter Sorgfalt erstellt. Für die Richtigkeit, Vollständigkeit und Aktualität der Inhalte können wir jedoch keine Gewähr übernehmen. Sie spiegeln die persönliche Meinung, die ausführliche Recherche und die Meinung des Autors wider. Der Autor übernimmt daher keine juristische Verantwortung oder Haftung für Schäden, die durch eventuelle Fehler oder kontraproduktive Ausübung durch den Leser entstehen. Dieses Buch ist eine Anleitung zu möglichen Erfolgsstrategien und keine Garantie für Erfolge. Der Autor übernimmt daher keine Verantwortung für das Nicht-Erreichen der im Buch beschriebenen Ziele.

Impressum

© Angela Johanning 2019
1. Auflage
Alle Rechte vorbehalten.
Nachdruck, auch auszugsweise, verboten.
Kein Teil dieses Werkes darf ohne schriftliche Genehmigung
des Autors in irgendeiner Form reproduziert,
vervielfältigt oder verbreitet werden.
Kontakt: Angela Johanning, Schulstr. 84, 26524 Berumbur
Covergestaltung: Hanna Heckmann
Coverfoto: depositphotos.com

Printed in Poland
by Amazon Fulfillment
Poland Sp. z o.o., Wrocław